Deutsche Verben im Kontext

Zusammengestellt
von Karl Heinz Bieler

Max Hueber Verlag

1. Auflage

3. 2. 1. | Die letzten Ziffern
1985 84 83 82 81 | bezeichnen Zahl und Jahr des Druckes.
Alle Drucke dieser Auflage können nebeneinander benutzt werden.

Satz und Druck: Sulzberg-Druck, Sulzberg · Printed in Germany
ISBN 3-19-00.1334-9

Vorwort

Ohne regelmäßige und kontrollierte Wiederholung des Wortschatzes in Verbindung mit den geforderten syntaktischen Strukturen kann man keine Fremdsprache erfolgreich lernen. Spätestens ab der „Mittelstufe" sind aber solche Wiederholungen nicht mehr üblich. Es wird oft nicht mehr systematisch geübt, sondern nur noch gelesen und diskutiert.

Das vorliegende Buch hilft, sprachliche Übungen in das Lesen und Diskutieren zu integrieren. Es bietet die Möglichkeit, die wichtigsten Strukturen regelmäßig zu wiederholen. Dabei wird von der *überragenden Funktion* ausgegangen, die das *Verb im deutschen Satz* hat: Es gibt die Zeit und den Modus an, von ihm hängen Präpositionen ab, ebenso der Kasus der Nomen; seine Stellung entscheidet darüber, ob wir eine Äußerung als Aussage, Frage oder Aufforderung, ob wir einen Teilsatz als Haupt- oder Gliedsatz aufzufassen haben.

„Deutsche Verben im Kontext" ist ein Zusatzmaterial zum Lehrsystem „Miteinander". Es enthält fast alle Verben, die in den ersten fünf Unterrichtsreihen vorkommen, und zwar mit den Grund- und „Stamm"-formen, mit Angaben zur Rektion und zur Wortfamilie und vor allem mit Beispielsätzen, die sowohl die Bedeutung als auch den syntaktischen Gebrauch zeigen.

Die meisten dieser Wörter, zu denen auch die Verben des Grundwortschatzes gehören, sind schon Teil des „passiven" Wortschatzes; mit den anderen werden die Schüler während der Arbeit mit diesem Werk vertraut gemacht. Was unbedingt nötig ist, ist das „Einschleifen": die Übernahme in den korrekten „aktiven" Sprachgebrauch durch ständige Wiederholung im Satzzusammenhang.

In den Beispielsätzen, die meist aus „Miteinander" 1 und 2 stammen, soll gezeigt werden, in welchem situativen Zusammenhang das Verb am häufigsten gebraucht wird.

Grundformen, Stammformen, die Rektion und Angaben zur Wortfamilie finden sich links auf der Seite, rechts daneben stehen die Beispielsätze.

Beide Spalten müssen sich die Schüler vokabelmäßig einprägen. Es ist dann möglich, etwa 40 Verben zur Wiederholung aufzugeben und eine Übungsarbeit nach folgendem Vorschlag durchzuführen:

Der Lehrer teilt die Klasse in zwei Gruppen (A und B), so daß kein Schüler von seinem Nachbarn abschreiben kann. Er diktiert jeder Gruppe 15 Verben in der Infinitivform. Die Schüler schreiben diese Infinitive auf, dazu die Stammformen (Präteritum und Partizip Perfekt – dieses, wenn es mit „sein" verbunden wird, besonders gekennzeichnet).

Dazu schreiben sie einen Beispielsatz, aus dem die Bedeutung und die richtige Verwendung im Satz – besonders die Rektion – zu erkennen sind. Das müssen nicht die Beispielsätze der „Deutschen Verben im Kontext“ sein.
Eine solche Übungsarbeit dauert nicht länger als 15 Minuten. Ein Grammatik- oder Ausdrucksfehler zählt als ganzer Fehler, ein R.-Fehler als halber, ein Z.-Fehler als Viertelfehler. Bis zu einem ganzen Fehler heißt die Note 1 (sehr gut), bis zu zwei Fehlern 2 (gut), bis zu drei Fehlern 3 (befriedigend) usw. Die Durchschnittsnote von fünf Übungsarbeiten zählt so viel wie die Note einer Klassenarbeit.
Die Verben werden im vorliegenden Wörterverzeichnis nur *in alphabetischer Reihenfolge* gebracht, ohne Zuordnung zu den einzelnen Unterrichtsreihen. Die Schüler können die Verben, die ihnen weniger geläufig sind, mit Beispielsätzen in ihr einsprachiges Wörterheft schreiben und gesondert lernen.

Es gibt *keine Hinweise auf „Trennbarkeit“* von Verben (vgl.: auf/passen; verzichten), weil vorausgesetzt werden kann, daß das für die wenigsten Schüler dieser Stufe ein Problem bedeutet.
Wenn ein Verb die zusammengesetzten Vergangenheitsformen mit „sein“ bildet, gibt es darauf einen Hinweis in der 3. Person Singular Perfekt. Die Bildung mit „haben“ gilt als Normalfall, gezeigt wird sie nur bei reflexiven Verben. Ebenso gilt der Akkusativ beim Reflexivpronomen als Normalfall; auf den Dativ wird in Klammern hingewiesen.
In den meisten Beispielsätzen findet man statt der korrekten Form des betreffenden Verbs eine Tilde (~). Dabei ist nicht gleichartig verfahren worden (vgl. bei reflexiven oder zusammengesetzten Verben). Entweder ist nur die passende Form des Grundwortes einzusetzen oder das richtige Reflexivpronomen bzw. das Hilfsverb oder die Präposition. Das hängt von der Schwierigkeit des Wortes oder des Satzes ab. Zwar ist der Lerneffekt größer, wenn die Schüler durch die Tilde gezwungen werden, sich über das einzusetzende Wort Gedanken zu machen – aber man soll sie auch nicht überfordern.

Bei den Aufzeichnungen in der linken Spalte werden die *fakultativen Ergänzungen* – im Unterschied zu den *obligatorischen* – in Klammern gesetzt.

Beispiele

Fakultative Ergänzung:

betrügen (+ A)	Er betrügt mich. Er betrügt oft beim Kartenspiel.

Obligatorische Ergänzung:

bemerken + A	Plötzlich bemerkte ich den Dieb.

Es wäre folgerichtig, das Pluszeichen bei *Präpositivfügungen* zwischen Verb und Präposition zu setzen (warten + auf A). Um die Schüler nicht zu verwirren, bringt auch dieses Buch die Zeichen in der Reihenfolge, die man in der Literatur findet (warten auf + A).

Aus pädagogischen Gründen werden zu den Verben *nicht alle Ergänzungen* aufgeführt, die im Deutschen möglich sind. Maßgebend für die Auswahl der Ergänzungen war ihr Vorkommen in den Texten von „Miteinander" sowie die subjektive Vermutung des Herausgebers über ihre Häufigkeit im Alltagsdeutsch.

Auch *andere Vereinfachungen* waren aus Rücksicht auf die Erfordernisse des Schulalltags nötig.
Zum Beispiel gibt es keinen Hinweis auf den Unterschied zwischen echten und unechten reflexiven Verben. Auch wird die Notierung „intransitiv" für verschiedene Dinge gebraucht, nämlich

- für Verben, die keine Akkusativergänzung haben können („laufen")
- für Verben, bei denen es auch eine Variante mit Akkusativergänzung gibt („läuten").

Wenn bei einem transitiven Verb das Passiv gar nicht oder nur in Ausnahmefällen gebraucht wird, gibt es einen entsprechenden Hinweis in Klammern.

Abkürzungen:

A	=	Akkusativ
As	=	Akkusativ der Sache
D	=	Dativ
Dp	=	Dativ der Person
Gs	=	Genitiv der Sache
intr.	=	intransitiv

abblenden (intr.)
blendete ab
abgeblendet

(vergl. aufblenden)
(blenden – blind machen)

Rücksichtslose Fahrer auf der Gegenfahrbahn ~ oft nicht ~, so daß man für Sekunden nichts sieht.
Deshalb ist das Nachtfahren gefährlich.

abbrechen
bricht ab
brach ab
abgebrochen

(der Abbruch des Spiels)
(ein abgebrochenes Stuhlbein)
(vgl. anbrechen: der Tag bricht an – poet. – bei Anbruch des Tages)

1. Plötzlich ~ Tom sein Pfeifen ~. – Als das Gewitter anfing, wurde das Fußballspiel ~.
Er ~ ein Stück von seinem Brot ~ und gab es mir.
2. Wir wollen hier ~ und morgen weiter diskutieren.

abfahren (intr.)
fährt ab
fuhr ab
ist abgefahren

(die Abfahrt – die Ankunft)

Sie ~ um 16^{30} in Frankfurt ~ und kamen um 22^{30} in München an.

sich abfinden mit + D
fand sich mit + D + ab
hat sich mit + D + abgefunden

Am Anfang protestierte er oft, aber dann ~ er ~ mit der Ungerechtigkeit seines Chefs ~ und schwieg.

abgrenzen + A gegen + A
grenzte ab
abgegrenzt
(die Abgrenzung der Reviere, der Pflichten)
(die Grenze, grenzenlos)

Tiere ~ ihre Gebiete (Reviere) gegeneinander ~.
„Wir arbeiten an derselben Sache. Wie können wir unsere Aufgaben gegeneinander ~?“

abhängen von + D
hing ab
abgehangen
(die Abhängigkeit von den Eltern)

Die Stimmung meiner Tante ~ vom Wetter ~.
Kleine Kinder ~ in fast allen Dingen von ihren Eltern ~.

ablehnen + A
lehnte ab
abgelehnt
(die Ablehnung des Antrags)
(Gegenteil: die Annahme)

Er wollte sie heiraten, aber sie ~ leider seinen Heiratsantrag ~.
Ich kann auf den wilden Jungen nicht aufpassen. Ich ~ jede Verantwortung für das, was er tut, ~.

ableiten + A (von + D)
leitete ab
abgeleitet
(die Ableitung mit Hilfe einer Vorsilbe)

Die Wörter „Sprache, Gespräch, Sprichwort, gesprächig, aussprechen...“ sind von dem Verb „sprechen“ ~ worden.
Wir ~ Adjektive von Verben ~.

ablenken + A (von + D)
lenkte ... ab
abgelenkt
(ein Dorf bietet wenig Ablenkung)

Die laute Radiomusik ~ ihn dauernd von der Arbeit ~; er konnte sich nicht konzentrieren.

abnehmen (+ A)
nimmt ab
nahm ab
abgenommen
(die Gewichtsabnahme)
(die Abnahme der Verkehrsunfälle)

1. Wer zu wenig ißt, ~ ~.
Er ~ während seiner Krankheit drei Kilo ~.
Die Zahl der Verkehrstoten hat in diesem Jahr Gott sei Dank ~.
(„Das ~ ich dir nicht ~!“
= „Das glaube ich dir nicht“)
2. Als er grüßte, ~ er den Hut ~.
Du könntest mir etwas Arbeit ~.

abraten + Dp (von + D) rät ab riet ab abgeraten (Gegenteil: zuraten)	Der Anwalt ~ mir davon ~, zu der Beerdigung zu gehen. Er ~ mir davon ~. Er ~ mir von einem Besuch ~.
abschaffen + A schaffte ab abgeschafft (die Abschaffung eines Gesetzes)	Sollte man die Schulnoten ~? Was würde man dann ins Zeugnis schreiben?
abschleppen + A schleppte ab abgeschleppt (der Abschleppdienst)	Ein Laster hatte den verunglückten Volkswagen ~.
abschreiben + A schrieb ab abgeschrieben (eine Abschrift der Verbesserung)	Ich darf den Text nicht von meinem Nachbarn ~. Ich muß meine Verbesserung noch einmal sauber ~; sie ist nicht zu lesen.
sich abspielen spielte sich ab hat sich abgespielt	(= passieren, geschehen) Nachts werde ich nicht durch Sachen abgelenkt, die ~ neben der Fahrbahn ~; ich komme also schneller voran.
absteigen stieg ab *ist* abgestiegen (der Abstieg vom Berg, aus der ersten Liga) (Gegenteil: aufsteigen)	Das Pferd war zu wild für mich; ich ~ wieder ~. Wird Bayern München aus der ersten Liga in die zweite ~?
abwarten (+ A) wartete ab abgewartet	Ich ~ noch die Fußballergebnisse im Fernsehen ~, dann ging ich ins Bett. Der Einbrecher ~ ~, bis das Ehepaar das Haus verlassen hatte.

abwischen + A
wischte ab
abgewischt

Nach dem Essen ~ die Mutter dem kleinen Kind den Mund ~.
Nach jeder Unterrichtsstunde müssen wir die Tafel ~.

achten + A
achtete
geachtet

(die Achtung vor dem Gesetz)
(Gegenteil: mißachten + A)

Kinder sollen ihre Eltern ~: sie sollen sie lieben und ihnen gehorchen.

achten auf + A
achtete auf + A
geachtet auf + A

(vergl. beachten + A)

~ Sie bitte ~ die richtige Reihenfolge!
Kinder ~ manchmal nicht ~ den Autoverkehr, wenn sie über die Straße laufen.

ähneln + D
ähnelte
geähnelt

(die Ähnlichkeit mit dem Bruder)
(er sieht ihm ähnlich)

Er ~ seinem Bruder sehr.

altern (intr.)
alterte
ist gealtert

(alt)
(das Alter)
(der Alte)

Er ist in letzter Zeit sehr ~; jetzt sieht er zehn Jahre älter aus, als er ist.

analysieren + A
analysierte
analysiert

(die Analyse)

(untersuchen)
ein Problem ~
eine Flüssigkeit ~
den Charakter einer Person ~

anbauen + A
baute an
angebaut

(der Anbau von Getreide)

1. (pflanzen, säen)
Wann begann der Mensch, Getreide ~?
2. Unser Haus war zu klein,
wir mußten noch zwei Zimmer ~.

anbieten (+ Dp) + As bot an angeboten (vergl. bieten) (ein großes Angebot an Gartenmöbeln, im Kaufhaus)	Die Hausfrau ~ dem Gast frischen Kuchen ~. Weil es schon dunkel war, ~ ich ihr ~, sie zu begleiten; aber sie wollte lieber allein gehen.
anblicken + A blickte an angeblickt (der Anblick)	Er ~ mich lange ~; dann sagte er: „Ich habe Sie schon einmal gesehen."
ändern + A änderte geändert (die Änderung des Kleides) (anders) (der andere)	Meine Hose ist zu weit. Ich muß sie ~ lassen. Zuerst wollte er nach Afrika reisen, aber dann ~ er seinen Plan und flog nach Indien.
sich ändern änderte sich hat sich geändert	Fritz ist noch so frech wie früher. Er hat ~ nicht ~. Das Wetter ~ ~ dauernd. „Wenn ich dich loben soll, mußt du dich aber noch sehr ~!"
aneinanderfügen + A fügte aneinander aneinandergefügt (Gegenteil: trennen) (die Aneinanderfügung)	Wenn man die beiden Wörter „hinaus" und „gehen" ~, erhält man ein neues Wort: „hinausgehen". Wie ~ man die Wörter „Verkehr" und „Probleme" ~?
anerkennen erkannte an anerkannt (die Anerkennung der neuen Regierung durch andere Staaten) (er äußerte sich anerkennend über meinen Fleiß)	1. +, daß . . . Ich will ~, daß du fleißig gewesen bist, trotzdem kann ich dir nur die Note „ausreichend" geben. 2. + A Ich ~ deinen Fleiß ~, trotzdem bekommst du nur „ausreichend". Nach der Revolution wurde die neue Regierung von einigen Staaten nicht ~.

jn. **anerkennen** als + A erkannte an anerkannt	Vielleicht ~ der bissige Hund Sie bald als seinen Freund ~. Alle ~ ihn als einen Experten ~.
anfangen fängt an fing an angefangen (aller Anfang ist schwer) (er war anfangs sehr schüchtern, aber dann gewöhnte er sich an uns) (Gegenteil: enden, beenden)	1. (+ A) Er wollte ihr schreiben, aber er wußte nicht, wie er seinen Brief ~ sollte. 2. (mit + D) Wenn er mit seiner Arbeit gleich ~ hätte, wäre er jetzt schon fertig. Wann ~ du endlich mit deiner Arbeit ~? 3. ~ endlich ~!
anfassen + A faßte an angefaßt	Wer einen heißen Herd ~, verbrennt sich. Er ist faul, er ~ keine schwere Arbeit ~.
angeben gibt an gab an angegeben (ohne Angabe eines Grundes) (er ist ein großer Angeber)	1. + A Er kam eine Woche nicht zum Unterricht, ohne einen Grund ~. Er ~ ~, er habe keine Lust gehabt. 2. (intr.) Er ~ gern ~. Er behauptet zum Beispiel, er könne 8 m weit springen.
das geht + A nichts an das ging + A nichts an das ist + A nichts angegangen	„Was machst du da?" „Das ~ dich nichts ~!" „Sei doch nicht so unfreundlich!"
angeln (+ A) angelte geangelt (er fischt mit der Angel) (der Angler) (das Anglerlatein)	Er angelt gern. Er ~ nur kleine Fische. Sie hat sich einen Mann ~. Er ~ schläfrig nach seiner Zigarettenschachtel.
angreifen + A griff an angegriffen (sich gegen einen Angriff wehren) (vergl. sich verteidigen gegen + A)	1. (mit der Hand anfassen) „~ mal den Stoff ~, wie weich er ist!" 2. (einen Kampf beginnen) Tom ~ den „Neuen" mit Worten ~. Die Soldaten ~ den Feind um 5 Uhr morgens ~.

anhaben + A (kein Passiv) hatte an angehabt (vergl. aufhaben, umhaben)	Er ~ heute seinen dunklen Anzug ~.
anhalten hält an hielt an angehalten (er fährt per Anhalter, weil er kein eigenes Auto hat)	1. (intr.) Weil die Ampel rot zeigte, ~ er ~; er fuhr nicht weiter. 2. + A Er ~ vor Aufregung den Atem ~. Er ~ das Auto ~ und fragte, ob er mitfahren dürfe.
anklagen + A klagte an angeklagt (er stand unter der Anklage, zwei Menschen getötet zu haben) (der Angeklagte)	Sein Gewissen ~ ihn ~. Der Staatsanwalt ~ den Verbrecher ~; der Verteidiger verteidigt ihn.
ankommen (intr.) kam an *ist* angekommen (die Ankunft des Zuges) (Gegenteil: die Abfahrt)	Der Zug fährt um 10^{20} Uhr in Frankfurt ab und ~ um 11^{05} Uhr in Eppstein ~. Ich bin in dem Roman an der Stelle ~, wo Anita überlegt, ob sie Ulrich heiraten soll.
anlächeln + A lächelte an angelächelt (vergl. lachen)	Sie ~ mich freundlich ~, als sie mich sah.
anmachen + A machte an angemacht (Gegenteil: ausmachen)	das Licht ~ das Radio ~ Feuer ~

annehmen + A nimmt an nahm an angenommen (die Annahme, daß das Wetter gut sein wird) (die Annahme des Geschenks)	1. „Heute war das Wetter schön. Ich ~ ~, daß es morgen auch wieder gut ist.“ „Das ~ ich auch ~.“ 2. „Nein! Ein so teueres Geschenk kann ich nicht ~.“ „Aber du kannst es doch nicht zurückweisen (ablehnen)!“
sich anpassen an + A paßte sich an + A an hat sich an + A angepaßt (die Anpassung an die Verhältnisse)	Als er neu in die Klasse kam, war er fleißig, aber bald ~ er sich ~ die Faulheit der anderen ~.
anreden + A redete an angeredet (die Anrede)	„Wie ~ man eine unverheiratete Dame ~?“ – „Mit Frau oder Fräulein.“
anregen + A (+ zu + D) regte an angeregt (der neue Lehrer gab uns viele Anregungen) (sie unterhielten sich zwei Stunden lang sehr angeregt über die Geschichte) (ich finde den Film anregend)	Die schöne Landschaft ~ den Dichter zu einem Gedicht ~. „Ich möchte einmal ~, daß ihr die Klasse selbst sauber macht.“
anrufen (+ A) rief an angerufen (ich warte auf deinen Anruf)	Ich ging zur Telefonzelle und ~ meinen Vater ~. Ruf’ doch mal an!
sich (D) anschaffen + A schaffte sich an hat sich angeschafft (Ich bin stolz auf meine neueste Anschaffung.)	Mit dem Geld wollte ~ die Familie ein Auto ~.

anschauen + A
schaute an
angeschaut

(das Anschauungsmaterial)

Sie grüßte mich und ~ mich dabei freundlich ~.

sich anschnallen
schnallte sich an
hat sich angeschnallt

(vergl. die Schnalle)

Er hatte ~ (mit dem Sicherheitsgurt) ~, und deshalb wurde er nicht verletzt.

anschreien + A
schrie an
angeschrie(e)n

Der Autofahrer öffnete sein Fenster und ~ mich wütend ~.

ansehen
sieht an
sah an
angesehen

(sein Ansehen als Bürgermeister der Stadt war groß)
(eine angesehene Familie)

1. + A
Sie ~ ihn lange ernst ~ und sagte dann: „Ich warne dich!"
2. + A als + A
Ich ~ ihn als meinen besten Freund ~.

sich (D) ansehen + A
sieht sich an
sah sich an
hat sich angesehen

Ich ~ mir abends gern einen Film im Fernsehen ~.
~ ihr euch die Autoreklame in den Zeitschriften ~?

sich (A; gegenseitig) **ansehen**
sie sahen sich an
sie haben sich angesehen

Der Mann und die Frau verstanden kein Wort von dem, was der Ausländer sagte. Sie ~ ~ ~ und lachten.

anstarren + A
starrte an
angestarrt

Mein Vater ~ mich böse an, weil ich ihm widersprochen hatte.

anstellen + A stellte an angestellt (die Anstellung bei einer Firma als Verkäufer) (der Angestellte)	1. „~ bitte das Radio ~! Ich möchte die Sportnachrichten hören." 2. „Unser Chef ~ auch frühere Sträflinge ~. Sie arbeiten ganz gut in unserer Firma." Er ~ ihn als Verkäufer ~. 3. „Dieser freche und dumme Kerl! Was hat er denn jetzt schon wieder ~?"
sich (A; gegenseitig) **anstoßen** sie stießen sich an sie haben sich angestoßen	Die Mädchen ~ ~ (mit den Ellenbogen) ~, um sich auf etwas aufmerksam zu machen.
anstreichen + A strich an angestrichen (er ist Anstreicher von Beruf)	Unser Lehrer ~ alle Fehler rot ~. Wir lassen unser Haus gelb ~.
sich anstrengen strengte sich an hat sich angestrengt (die Anstrengung) (eine anstrengende Arbeit) (ein strenger Lehrer) (die Strenge des Lehrers)	„Gib dir etwas Mühe! Wenn du dich ~, kannst du es." Der alte Mann ging den Berg hinauf, ohne ~ besonders ~.
antreten + A tritt an trat an angetreten (vor Antritt der Reise muß man genug geschlafen haben)	Manche Urlauber ~ die Reise abends ~. Das Mädchen hatte gerade ihre erste Stelle ~ und hatte ihr erstes Geld verdient.
antworten antwortete geantwortet (welche Antwort hast du ihr gegeben?)	1. + Dp + As „Was hat man ihr ~?" „Man hat ihr ~: Jede Frau bekommt den Mann, den sie verdient." 2. auf + A ~ eine so dumme Frage werde ich nicht ~. 3. Er ~ nicht.

anziehen (Dp) + A zog an angezogen (der neue Anzug) (Gegenteil: ausziehen)	„Es regnet. Heute mußt du den Anorak ~." „~ dem Kind etwas Warmes ~!" „~ dir etwas Warmes ~!"
sich anziehen zog sich an hat sich angezogen (Gegenteil: sich ausziehen)	„Es ist schon sieben Uhr! Steh endlich auf und ~ dich ~!"
arbeiten (intr.) arbeitete gearbeitet (die Arbeit macht mir Spaß)	Ich ~ viel für die Schule, weil ich gute Noten haben will. Wir ~ in Gruppen.
ärgern + A ärgerte geärgert (arg)	Sie ~ den Lehrer damit, daß sie die Kreide verstecken.
sich ärgern über + A ärgerte sich hat sich geärgert (er wurde vor Ärger grün und gelb) (das ist ärgerlich)	Ich ~ mich oft über meinen ungerechten Lehrer. „Ich habe meinen Hausschlüssel verloren. Ich könnte mich schwarz ~."
aufbauen baute auf aufgebaut (der Aufbau)	1. Die zerstörte Stadt wurde wieder ~. 2. „Wie ~ man einen Aufsatz ~?" „Zuerst kommt die Einleitung, dann der Hauptteil, dann der Schluß."
aufblenden (intr.) blendete auf aufgeblendet (Gegenteil: abblenden)	Es war dunkel. Der Fahrer ~ ~, um die Fußgänger auf sich aufmerksam zu machen.

auffallen (+ D) fällt auf fiel auf *ist* aufgefallen (ein auffallender Hut)	„Die Dame mit dem roten Hut ~ mir gestern sofort ~.“ „Natürlich. Das war Eva. Sie will immer ~.“ Es ~ auch dem Dümmsten ~, daß Sicherheitsgurte das Leben retten können: er muß nur Zeitung lesen.
auffordern + A forderte auf aufgefordert (die Aufforderung)	Der Lehrer ~ mich auf, endlich den Mund zu halten. jmdn. zum Tanz ~
aufhaben + A (kein Passiv) hatte auf aufgehabt (vergl. anhaben, umhaben)	1. Sie ~ einen neuen Hut ~. „Was für einen Hut ~ du denn ~?“ 2. Wir ~ viele Hausaufgaben ~.
aufhalten + A hält auf hielt auf aufgehalten (der Aufenthalt in Frankfurt dauerte drei Stunden)	Er ~ mich durch lange Reden ~, so daß ich spät nach Hause kam. Es ist sehr schwer, durchgehende Pferde ~.
sich aufhalten hält sich auf hielt sich auf hat sich aufgehalten	„Ich habe mich heute lange bei einem Kunden ~. Deshalb komme ich so spät nach Hause.“
aufheben + A hob auf aufgehoben (die Aufhebung eines Verbots)	1. (hochheben) Das Buch fiel ihm aus der Hand. Er bückte sich und ~ es ~. 2. (nicht wegwerfen, aufbewahren) Mein Großvater ~ jede Rechnung auf.
aufhören (intr.) hörte auf aufgehört (Gegenteil: anfangen)	„Ich kann diesen Lärm nicht mehr hören! ~ endlich ~ damit!“ Er ~ ~, Klavier zu spielen.

aufmachen + A
machte auf
aufgemacht

(Gegenteil: zumachen)

die Tür ~
ein Buch ~
den Mund ~

aufpassen (auf + A)
paßte auf
aufgepaßt

(der Aufpasser über die Gefangenen)

Wenn die Eltern spazieren gehen, muß Elke auf das Baby ~.
Wer in der Schule nicht ~, lernt nicht viel.

aufräumen (+ A)
räumte auf
aufgeräumt

(= in Ordnung bringen)
„~ die Klasse ~, bevor ihr sie verlaßt!“
Die Kinder müssen sonntags die Küche ~.
Sie ~ nicht gern ~.

aufregen + A (Passiv selten)
regte auf
aufgeregt

(die Aufregung über + A)
(aufgeregtes Geschrei)

Viel Besuch ~ den Kranken ~.

sich aufregen über + A
regte sich auf
hat sich aufgeregt

(wozu die Aufregung?)
(ich finde das überhaupt nicht aufregend)

Er ~ ~ über jede Kleinigkeit ~ und fängt gleich an zu schimpfen.
Ich ~ mich immer über meinen ungerechten Lehrer ~.

sich aufrichten
richtete sich auf
hat sich aufgerichtet

Ich beugte mich über den Verletzten. Als ich mich wieder ~, sah ich den Krankenwagen kommen.

aufschließen + A
schloß auf
aufgeschlossen

(Gegenteil: zuschließen)

Langsam ~ er seine Wohnungstür ~. Er hörte, daß Besuch da war.

aufschreiben + A schrieb auf aufgeschrieben	„Moment! Ich muß mir deine Adresse ~, sonst vergesse ich sie.“
aufsetzen + A setzte auf aufgesetzt	Ich ~ meinen Hut ~. Sie ~ ihre Brille ~.
aufstehen (intr.) stand auf *ist* aufgestanden (der Aufstand, die Revolution) (die Aufständischen stürmten in das Königsschloß)	Er saß lange still auf seinem Stuhl. Plötzlich ~ er ~ und ging weg. Ich ~ jeden Morgen um 6 Uhr ~.
aufsteigen stieg auf *ist* aufgestiegen (der Aufstieg im Gebirge) (der Aufstieg in die erste Liga) (ein aufsteigender Weg)	Der Nebel ~ ~; man kann wieder weiter sehen. Eine Berliner Fußballmannschaft ist aus der zweiten Liga in die erste ~.
auftauchen (intr.) tauchte auf *ist* aufgetaucht (vergl. tauchen, der Taucher)	Aus der Dunkelheit ~ eine Gestalt ~. Er ängstigte seine Tante damit, daß er ins Wasser sprang und erst nach einer Minute wieder ~.
auftauen taute auf aufgetaut (das Tauwetter)	1. (intr.) (*ist* aufgetaut) Als die Sonne schien, ~ die vereiste Fensterscheibe ~. Er ist schüchtern; er ~ in Gesellschaft nur langsam ~. 2. + A (*hat* aufgetaut) Die Sonne hat die vereiste Fensterscheibe ~.
aufteilen + A teilte auf aufgeteilt (die Aufteilung des Kuchens, des Textes)	„Es ist noch etwas von dem Kuchen übrig. Sollen wir ihn unter uns ~ und essen?“ „~ Sie bitte den Text ~, so daß jede Gruppe einen Teil bearbeitet.“

auftreten (intr.)
tritt auf
trat auf
ist aufgetreten

(kann man die auftretenden Fehler beseitigen?)

(ihr Auftritt in dem Stück dauert nur fünf Minuten)

1. Bei einem neuen Auto ~ noch keine Mängel ~.
2. „Er ~ ~ wie ein Millionär, dabei ist er nur Lehrer."
Sie ~ in dem Theaterstück als alte Hexe ~.
3. Mit dem verletzten Fuß kann ich leider immer noch nicht ~.

aufwachen (intr.)
wachte auf
ist aufgewacht

(vergl. wecken)

Ich ~ schon um 4 Uhr ~ und konnte nicht wieder einschlafen.

sich ausbreiten
breitete sich aus
hat sich ausgebreitet

(die Ausbreitung des Feuers)

Das Feuer ~ ~ schnell ~; bald brannte das halbe Dorf.
ein Schrecken ~ ~ ~
eine Nachricht ~ ~ ~

sich ausdrücken
drückte sich aus
hat sich ausgedrückt

(der treffende Ausdruck)
(die ausdrucksvollen Bewegungen des Tänzers)

Ich weiß genau, was er meint, denn er ~ ~ sehr klar ~.
Ich weiß nicht, wie ich mich ~ soll.

ausfragen + A
fragte aus
ausgefragt

(„Diese Ausfragerei durch die Polizei macht mich nervös!")

Die Polizei ~ ihn nach dem Unfall lange ~. Dabei gab er seine Schuld zu.

ausführen + A
führte aus
ausgeführt

(die Ausfuhr von Obst)
(die Ausführung von Arbeiten, Aufträgen)
(ein ausführlicher Bericht)

1. Meine alte Tante ist zu Besuch.
Ich muß sie morgen ins Theater ~.
2. Deutschland ~ Obst ein und Maschinen ~.
3. Ein guter Handwerker ~ jede Arbeit sorgfältig ~.

ausfüllen + A füllte aus ausgefüllt	„Was soll ich mit dieser halbfertigen Tabelle machen?“ „Du sollst sie ~.“ ein Formular ~
(Geld) **ausgeben** für + A gibt aus gab aus ausgegeben (diese Geldausgabe bereue ich nicht)	Sie ~ für Schmuck viel Geld ~. Man darf nicht sein ganzes Geld ~, man muß auch etwas sparen.
aushalten + A hält aus hielt aus ausgehalten	Ich konnte die Schmerzen nicht mehr ~ und ging zum Zahnarzt. Lärm, Kälte, Strapazen usw. ~
auslachen + A lachte aus ausgelacht	Alle Kinder ~ ihn ~, weil er eine komische Hose anhatte.
ausnutzen + A nutzte aus ausgenutzt	Er ~ jede Gelegenheit zum Geldverdienen ~. Er läßt alle unangenehmen Arbeiten von seinem Freund machen. Er ~ seinen Freund ~.
ausradieren + A radierte aus ausradiert (radieren) (das oder der Radiergummi)	Ich ~ das falsche Wort ~.
ausreichen (intr.) reichte aus ausgereicht (ausreichend)	„Ich gebe dir fünf Mark fürs Kino. ~ das ~?“ „Meinen Sie, er kann das übersetzen?“ „Nein. Seine Sprachkenntnisse ~ nicht ~ für so eine Aufgabe.“

sich ausruhen (intr.) ruhte sich aus hat sich ausgeruht (er macht immer einen sehr ausgeruhten Eindruck)	Abends ~ man ~ von der Arbeit ~. Vor einer Nachtfahrt muß man ~ gut ~.
aussagen (+ A) sagte aus ausgesagt (seine Aussage vor Gericht war sehr wichtig)	vor der Polizei ~: alles sagen, was man weiß Die Zeugen ~ übereinstimmend ~, der Einbrecher habe einen schwarzen Bart gehabt.
aussehen (intr.) sieht aus sah aus ausgesehen	Er ~ ~, als käme er aus dem Krankenhaus. „Wie ~ er ~?" „Er ist groß und hat eine Glatze!" „Sehen Sie nur, wie Ihr schöner Wagen jetzt ~! Wären Sie doch langsamer gefahren!"
ausschimpfen + A schimpfte aus ausgeschimpft	Nachdem ich neulich zwei Fensterscheiben zerbrochen hatte, ~ mich meine Mutter lange ~.
aussprechen + A spricht aus sprach aus ausgesprochen (die Aussprache)	Man muß diese Wörter nicht nur kennen, man muß sie auch richtig ~, damit sie ein anderer versteht.
ausstrahlen + A strahlte aus ausgestrahlt (die Ausstrahlung)	Der Ofen ~ Wärme ~. Der Arzt ~ Ruhe ~. Der Radiosender ~ drei Programme ~.
sich äußern (intr.) äußerte sich hat sich geäußert (die Äußerung)	zu + Ds über + Ap, As ~ Sie ~ bitte zu einer der folgenden Fragen (über eine der folgenden Fragen)! Er ~ ~ sehr negativ über seinen Lehrer.

aussteigen (aus + D) stieg aus *ist* ausgestiegen (vergl. einsteigen) (der Ausstieg aus dem verunglückten Flugzeug war schwierig)	Er ~ aus dem Zug (dem Auto) ~. Bitte ~!
aussuchen (+ A) suchte aus ausgesucht	Wenn sie Tomaten einkauft, ~ sie immer nur die besten ~. ~ Sie bitte die Adjektive aus der linken Spalte ~, die zu den Nomen in der rechten Spalte passen!
ausüben übte aus ausgeübt (die Ausübung des Berufs)	1. + A + auf + A Der Arzt ~ eine beruhigende Wirkung ~ den Kranken ~. 2. + A Er ~ lange den Beruf des Lehrers ~, bevor er Politiker wurde.
ausweichen + D wich aus *ist* ausgewichen (er antwortete ausweichend)	Als wir durch das Dorf fuhren, sprang plötzlich ein Kind auf die Straße; Gott sei Dank konnten wir ihm gerade noch ~. Er ~ einer klaren Antwort ~.
ausziehen zog aus ausgezogen (der Auszug aus der Wohnung)	1. + A (*hat* ausgezogen) ~ bitte die Schuhe ~, bevor du ins Bett gehst. 2. aus + D (*ist* ausgezogen) Als es durch die Decke regnete, ~ er aus seiner Wohnung ~.
sich ausziehen zog sich aus hat sich ausgezogen (vergl. sich anziehen)	Ich war sehr müde, ging ins Schlafzimmer, ~ mich ~ und legte mich ins Bett.

backen (+ A)
backte (buk)
gebacken

(der Bäcker)
(die Bäckerei)
(das Gebäck)
(der Backofen)

Die Mutter ~ Kuchen.
Sie ~ gern.
Man kann Eier, Fisch, Teig ~.

baden
badete
gebadet

(das Bad)
(Wiesbaden)
(das Badewasser)

1. (intr.)
Wenn es heiß ist, ~ wir im Meer.
2. + A
Die Mutter ~ das Baby jeden Abend.

basteln (+ A)
bastelte
gebastelt

(eine Fernsehsendung für Bastler)

Vater ~ ein Puppenhaus für seine Tochter.
Kannst du ein Spielflugzeug ~?
Abends ~ er oft.

bauen + A
baute
gebaut

(der Hausbau)
(ein baufälliges Gebäude abreißen)

Wir ~ ein Haus.
Eine Brücke wird über den Fluß ~.
Eine Geige, ein Schiff, eine Maschine, ein Nest ~.

beachten + A
beachtete
beachtet

(vergl. achten auf + A)
(die Beachtung der Verkehrszeichen)

Ein Autofahrer muß viele Verkehrszeichen ~.
Ich hatte mich sehr über ihn geärgert. Deshalb ~ ich ihn gar nicht, als ich ihn wieder einmal sah.

beantragen + A
beantragte
beantragt

(der Antrag auf Zulassung zum Studium an einer Universität)
(der Heiratsantrag)

Als er nach dem Unfall nicht mehr arbeiten konnte, ~ er eine staatliche Hilfe.
,,Hiermit ~ ich, mich zum Studium zuzulassen.“ (in einem schriftlichen Antrag)

beantworten + A
beantwortete
beantwortet

(die Beantwortung der Frage)

,,Ihre Frage ist nicht zu ~!“
,,Wann wirst du endlich seinen Brief ~?“

bedauern + A
bedauerte
bedauert

(ein bedauerlicher Fehler)

1. (Mitleid haben mit)
Er hat sich das Bein gebrochen.
Ich ~ den armen Kerl.
2. (etwas bereuen; etwas als schade empfinden)
,,Ich ~ diesen Fehler. Entschuldigung!“
,,Ich ~, daß ich das nicht früher gewußt habe.“

bedecken + A
bedeckte
bedeckt

(die Decke)

Es schneit schon lange; Schnee ~ das Land.

bedeuten + A (kein Passiv)
bedeutete
bedeutet

(die Bedeutung eines Wortes)
(ein bedeutender Künstler)

,,Was ~ das Wort Unsinn?“ ,,Es ~ so viel wie Quatsch.“
,,Mein Geld ist weg. Weißt du, was das ~?“
,,Nein.“ ,,Daß wir nicht verreisen können.“

bedienen + A
bediente
bedient

(die Bedienung in diesem Geschäft ist freundlich)
(die Bedienung der Maschine ist leicht)

Der Kellner ~ die Gäste, die Verkäuferin ~ die Kunden.
„Werden Sie schon ~?"
„Können Sie diese Maschine ~?" „Nein, ich weiß nicht, wie sie arbeitet."

bedrohen + A
bedrohte
bedroht

(die Bedrohung der Menschheit durch die Atombombe)
(eine bedrohliche Entwicklung)
(vergl. drohen)

Der Einbrecher ~ mich mit einer Pistole und sagte: „Machen Sie keinen Lärm, sonst schieße ich!"

bedrücken + A (kein Passiv)
bedrückte
bedrückt

(eine bedrückende Atmosphäre)
(er wirkte sehr bedrückt)
(vergl. Druck)

Die Erinnerung an den Unfall ~ ihn.
Er macht ein ernstes Gesicht. Geldschwierigkeiten ~ ihn.

sich beeilen (intr.)
beeilte sich
hat sich beeilt

(Eile ist manchmal nötig)
(warum hast du es so eilig?)

„~ dich, wir haben nicht mehr viel Zeit!"
Obwohl er ~ sehr ~, kam er zu spät.

beibringen + Dp + As
brachte bei
beigebracht

(= jn. etwas lehren; „beibringen" wird im Mündlichen häufiger gebraucht)
„Du kannst ja schwimmen! Wer hat dir denn das ~?"

beichten (+ Dp + As)
beichtete
gebeichtet

(die Beichte erleichterte ihn)

Der Verbrecher ~ dem Richter seine böse Tat.
Er ~ seine Sünden.
Er ~ in der Kirche.

befehlen + D (+ A) befiehlt befahl befohlen (der Befehl des Offiziers an seine Soldaten)	Der Offizier ~ dem Soldaten, die Schuhe zu putzen. Er ~ ihm das Putzen der Schuhe.
befestigen + A befestigte befestigt (die Befestigungsmauer) (etwas fest machen)	,,Wie soll ich das Schild mit unserem Namen an der Tür ~?" ,,Am besten mit Schrauben." Früher ~ man die Städte mit Mauern.
sich befinden (intr.) befand sich hat sich befunden (wie ist das Befinden des Kranken?)	1. Wo ~ ~ das Lokal, in das er so oft geht? 2. Der Kranke ~ ~ auf dem Wege der Besserung.
befördern + A beförderte befördert (die Beförderung von Waren, von Beamten)	Die Eisenbahn ~ Waren, die Post ~ Briefe. Der fleißige Beamte wird ~; dann bekommt er mehr Geld.
befreien + A befreite befreit (die Freiheit) (die Befreiung von + D) (frei) (das befreite Land)	Ich wurde wegen meiner starken Zahnschmerzen vom Unterricht ~. Die Soldaten ~ die Gefangenen.
sich befreien befreite sich hat sich befreit	Der fremde Junge kämpfte weiter, um ~ zu ~.

begegnen + D begegnete *ist* begegnet (die Begegnung mit ihm auf der Straße)	Gestern ~ ich ihm zufällig auf der Straße. Ich möchte ihm nicht im Dunkeln ~.
begehen + A beging begangen	Er ~ einen Fehler, als er zu schnell in die Kurve fuhr. einen Mord ~
sich (D; einander) **begegnen** (intr.) begegneten sich sind sich begegnet	Wenn wir uns ~, grüßen wir immer sehr höflich.
beginnen begann begonnen (der Beginn des Unterrichts)	1. (intr.) Der Unterricht ~ um 8 Uhr. 2. + A Wir ~ den Unterricht um acht. 3. + Inf. Um drei ~ er, seine Aufgaben zu machen.
begleiten + A begleitete begleitet (die Begleitung hübscher Mädchen macht ihm Spaß)	Hans ~ die hübsche Anna vom Kino nach Hause. Beim Singen ~ mich immer meine Tante am Klavier.
beglückwünschen + A + zu + D beglückwünschte beglückwünscht (ein Glückwunsch zum Geburtstag)	Als ich die Prüfung bestanden hatte, ~ mich alle zu meinem Erfolg.
begraben + A begräbt begrub begraben (das Begräbnis des Onkels)	Wir ~ gestern unseren Onkel Heinrich; er starb am vergangenen Sonntag. Leider muß ich alle Hoffnungen ~, daß ich meinen Hausschlüssel wiederfinde.

begreifen+ A begriff begriffen („Freiheit“ ist ein Begriff)	Er ist dumm. Er ~ nicht, daß 2 + 2 = 4 ist. Kleine Kinder ~ nicht alles, was die Erwachsenen sagen. Er ~ das nicht. ~ du den Sinn dieser Worte?
begründen + A begründete begründet (diese Begründung kann ich nicht anerkennen) (vergl. der Grund)	Wer eine Meinung äußert, sollte sie auch ~. Sie ~ ihr Fehlen mit Krankheit. einen Antrag ~ eine Behauptung ~ einen Verdacht ~
begrüßen + A begrüßte begrüßt (die Begrüßung durch den Hausherrn) (vergl. der Gruß)	1. Als ich ihn besuchen wollte, stand er schon vor seiner Tür und ~ mich. 2. Ich ~ diese Entwicklung sehr. einen Beschluß ~ einen Plan ~
sich (A; gegenseitig) **begrüßen** begrüßten sich haben sich begrüßt	Sie begegneten sich auf der Straße, blieben stehen und ~ ~.
behalten + A behielt behalten	1. „Meinen alten Füller will ich nicht wiederhaben. Den darfst du ~.“ Er ~ in der Kirche den Hut auf dem Kopf. 2. Ich vergesse immer wieder seinen Namen; ich kann ihn einfach nicht ~.
behandeln + A behandelte behandelt (diese Behandlung lasse ich mir nicht gefallen) (die Behandlung hatte Erfolg)	1. (umgehen mit) Die Polizei ~ den Verhafteten gut. Er ~ mich, als ob ich Luft wäre. 2. (helfen, heilen) Der Arzt Dr. Müller ~ mich, als ich Magenschmerzen hatte. 3. Welche Probleme ~ der Redner (der Aufsatz, das Buch)?

behaupten behauptete behauptet (die Behauptung)	1. (+ A) „Er ~, daß er mit den Aufgaben schon fertig ist; aber ich glaube ihm nicht." Er ~ das, aber er muß es noch beweisen. 2. (Inf.) „Er ~, fertig zu sein; aber ich glaube es nicht."
beherrschen + A beherrschte beherrscht (vergl. herrschen; der Herrscher)	Alexander der Große ~ ein riesiges Gebiet. Er ~ fünf Sprachen. seinen Zorn ~ seine Miene ~
sich beherrschen beherrschte sich hat sich beherrscht (die Selbstbeherrschung)	Er möchte das Rauchen aufgeben. Aber er kann ~ nicht ~ und fängt immer wieder an.
beißen + A biß gebissen (ein Biß ins Bein) (ein bißchen)	Der Hund ~ das Kind ins Bein. Neulich haben mich in einem erstklassigen Hotel Flöhe und Läuse ~.
beitragen zu + D trägt bei trug bei beigetragen (sein Beitrag zum Gelingen des Abends)	Er spielte ein bißchen Klavier, worüber sich alle freuten; so ~ er zum Gelingen des Abends ~.
bekanntmachen + A machte bekannt bekanntgemacht (die Bekanntmachung der Ferientermine)	Er machte seine Heirat mit Lieselotte durch eine Zeitungsanzeige ~. „Darf ich Sie mit Herrn Huber ~?"

sich beklagen über + A beklagte sich hat sich beklagt (vergl. klagen)	Sie ist immer unzufrieden. Sie ~ ~ über die Lehrer, die Mitschüler und ihre Eltern. Sie ~ ~ darüber, daß . . . „Ihnen geht es doch gut! Sie können ~ nicht ~."
bekommen + A (kein Passiv) bekam bekommen	„Was hast du zum Geburtstag ~?" „Einen Füller, einen Bleistift und ein neues Auto." Jede Frau ~ den Mann, den sie verdient. Sein bleiches Gesicht ~ wieder Farbe. Er ~ keine Antwort.
belasten + A belastete belastet (ein Belastungszeuge)	Ein Mann, der den Unfall gesehen hatte, ~ ihn. Deshalb mußte er seine Schuld zugeben.
belehren + A belehrte belehrt (die Belehrung) (vergl. lehren, Lehrer)	Er nimmt keine andere Meinung an. Er läßt sich von niemandem ~. Da weiß ich überhaupt nicht Bescheid; ich lasse mich gern von Ihnen ~.
beleidigen + A beleidigte beleidigt (die Beleidigung der Frau D. durch meine Mutter) (sie ist immer gleich beleidigt)	Meine Mutter ~ Frau Dörfelt, indem sie sagte, sie sei eine Schlampe. „~ Sie mich bitte nicht mit solchen Worten!"
beleuchten + A beleuchtete beleuchtet (die Straßenbeleuchtung)	Mein Arbeitsplatz ist leider schlecht ~. Wir sollten das Problem von allen Seiten ~.
belohnen + A belohnte belohnt (die Belohnung für den ehrlichen Finder)	Womit kann man ein Kind ~, wenn es einem bei der Gartenarbeit geholfen hat?

belügen + A
belog
belogen

(er fühlte sich von ihr belogen und betrogen)
(vergl. die Lüge, der Lügner)

Statt die Wahrheit zu sagen, ~ sie ihre Eltern immer und behauptet, sie habe sehr gute Noten.

bemerken + A
bemerkte
bemerkt

(eine Bemerkung machen)
(eine bemerkenswerte Leistung)

1. Plötzlich ~ ich den Dieb, der hinter der Tür stand.
2. Zu meinen Klagen ~ er nur: „Daran sind Sie selbst schuld."

sich bemühen (intr.)
bemühte sich
hat sich bemüht

(Mühe und Arbeit)
(die Bemühungen um eine Besserung des Lebensstandards)

Er ~ ~, die Spuren des Unfalls zu verwischen; aber es gelang ihm nicht.
Ich ~ mich um eine gute Note.
Hans ~ sich um die schöne Anna; aber sie will nichts von ihm wissen.

sich benehmen (intr.)
benimmt sich
benahm sich
hat sich benommen

(auf gutes Benehmen achten)

„~ dich gut, oder du bekommst eine Ohrfeige!" sagte der Vater zum Sohn.
„Ich hoffe sehr, ihr ~ euch besser als beim letztenmal und legt nicht die Füße auf den Tisch."

benötigen + A
benötigte
benötigt

(vergl. die Not)

„Ich brauche Geld!"
„Wozu ~ mein Herr Sohn das Geld?"
„Ich ~ es für Schallplatten."

benutzen + A
benutzte
benutzt

(die Benutzer der Bibliothek)
(die Benutzung einer Schuhbürste)
(vergl. der Nutzen, nützlich)

Man sollte die Zahnbürste nicht zum Schuheputzen ~.
Er ~ seine Schuhbürste als Kleiderbürste.
Als die Polizisten einen Moment nicht aufpaßten, ~ der Dieb die Gelegenheit zu fliehen.

beobachten + A beobachtete beobachtet (vergl. betrachten) (ist diese Beobachtung richtig?)	Wir ~ den kleinen Jungen, wie er über den Zaun kletterte.
bereuen + A bereute bereut (die Reue half nichts)	„~ du, daß du mitgefahren bist?" „Nein; die Reise war sehr schön." – Der Verbrecher ~ den Mord; trotzdem muß er ins Gefängnis.
berichten über + A, von + D berichtete berichtet (der Zeitungsbericht)	Die Zeitungen ~ über diese Gerichtsverhandlung (von dieser Gerichtsverhandlung).
beruhigen + A beruhigte beruhigt (die Beruhigungstablette)	Er war sehr aufgeregt, und sie versuchten, ihn zu ~. Sie ~ ihn damit, daß . . .
sich beruhigen beruhigte sich hat sich beruhigt	Sie regte sich schrecklich über meine Bemerkung auf und wollte ~ gar nicht ~.
berühren + A berührte berührt (die Berührung)	Sie ~ seine Wunde vorsichtig mit der Hand. Die Tangente ~ den Kreis in einem Punkt.
sich berühren (intr.) berührte sich hat sich berührt	Sie standen so nahe beisammen, daß sie ~ fast ~.

beschädigen + A
beschädigte
beschädigt

(die Beschädigung fremden Eigentums)
(vergl. der Schaden; schaden; jn. schädigen)

Bei dem Zusammenstoß wurde das eine Auto völlig zerstört, das andere wurde aber nur leicht ~.

beschäftigen + A
beschäftigte
beschäftigt

Er ~ in seiner Fabrik 3000 Arbeiter.
Die Frage ~ mich schon lange.

sich beschäftigen mit + D
beschäftigte sich
hat sich beschäftigt

(die Beschäftigung mit der Geschichte Chinas)
(er ist immer sehr beschäftigt)

Er kann ~ nicht gut allein ~; immer muß er mit anderen zusammen sein.
Ich ~ mich seit Februar mit der Geschichte Chinas.

beschimpfen + A (als + A)
beschimpfte
beschimpft

(die Beschimpfung)

Er ~ den lieben Hund als widerliche Bestie.
Ich lasse mich nicht so von dir ~.

beschleunigen
beschleunigte
beschleunigt

(die Beschleunigung)

1. + A
Als er im Dunkeln jemanden hinter sich hörte, ~ er seine Schritte.
2. (intr.)
Der Wagen ~ in 10 Sekunden von 0 auf 100 km/h.

beschließen
beschloß
beschlossen

(ein Beschluß der Lehrerkonferenz)
(das ist eine beschlossene Sache)

1. + Inf.
Er ~, die Wahrheit zu sagen.
2. + A
Er ~ das.

sich beschränken auf + A
beschränkte sich
hat sich beschränkt

Ich kann jetzt nicht die ganze Geschichte erzählen; ich ~ mich auf das Wichtigste.
Worauf ~ ~ der kürzere Bericht?

(die Beschränkung auf das Wichtigste)
(er ist leider ziemlich beschränkt)
(die Eisenbahnschranke)

beschreiben + A
beschrieb
beschrieben

(s. schildern)
(die Bildbeschreibung)

Er ~ ein Bild: er sagt, was er auf dem Bild sieht.
Manche Menschen können ihre Gefühle nur schlecht ~.

sich beschweren (intr.)
beschwerte sich
hat sich beschwert

(die Beschwerde über den ungerechten Lehrer)

Der Schüler ~ ~ bei dem Direktor über den ungerechten Lehrer.
Ich würde mich nicht ~, wenn ich mehr Geld verdiente.

besiegen + A
besiegte
besiegt

(vergl. siegen)

Der starke Boxer ~ alle seine Gegner.
Deutschland wurde im Weltkrieg ~.
Leidenschaften ~
Schwierigkeiten ~

besitzen + A (kein Passiv)
besaß
besessen

(der Besitz)
(der Besitzer)
(besitzanzeigende Wörter: mein, dein . . .)

Mein Onkel ist reich. Er ~ fünf Häuser.
„Zuerst hat er alles gestohlen, und dann hat er noch die Frechheit ~ zu lügen."
Mut ~
Phantasie ~
Talent ~
das Vertrauen eines Menschen ~

besorgen (+ Dp) + A
besorgte
besorgt

(die Besorgungen in der Stadt)
(er fragte mich besorgt, ob ich noch krank sei)

1. Der Polizist wollte mir sogar ein Taxi für den Heimweg ~.
(= rufen, bestellen)
2. „Geben Sie mir Geld, und ich ~ Ihnen alles, was Sie wünschen."
(= kaufen, bringen)

sich bessern (intr.)
besserte sich
hat sich gebessert

(zu einem Kranken: Gute Besserung!)

Vor zwei Jahren war er sehr krank, aber jetzt hat ~ seine Gesundheit ~.
Meinen Sie, daß ~ ein Dieb im Gefängnis ~?

bestaunen + A
bestaunte
bestaunt

(vergl. staunen)

Die Leute, die zum ersten Mal ein Auto sahen, ~ diese Neuigkeit.
Sie ~ dieses neue Fahrzeug; sie ~ auch den Erfinder.

bestehen
bestand
bestanden

(den Bestand der Firma sichern)
(im Urlaub hatten wir beständiges Wetter)

1. + A
Er hat die Prüfung ~. Sie ~ die Kraftprobe.
2. (intr.)
Die Firma ~ schon seit hundert Jahren. – Die Gefahr ~, daß . . .
3. aus + D
Ein Stuhl ~ aus Holz oder Metall.
Eine Familie ~ aus dem Vater, der Mutter und den Kindern.

bestellen
bestellte
bestellt

(eine telefonische Bestellung)

1. (verlangen, fordern) + A
Meine Mutter ~ per Telefon 50 Flaschen Wein beim Kaufmann.
2. (eine Botschaft bringen) (+ D) + A
„Guten Tag, Frau Meier! Ich soll Ihnen ~, daß meine Mutter heute nicht kommen kann.“

bestimmen (+ A)
bestimmte
bestimmt

(die gesetzliche Bestimmung)
(der Bestimmungsbahnhof)
(das weiß ich bestimmt)
(der bestimmte Artikel)

Der Vater ~, daß Rolf und ich einkaufen und daß die Mädchen kochen sollten.
„Hier ~ ich! Alle gehorchen mir.“
Er bestimmte das.

bestrafen + A
bestrafte
bestraft

(die Bestrafung des Sohnes)

Der Vater ~ den Sohn, weil er gelogen hat.
„Das wird streng ~!"
Ich hätte ihn nicht so streng ~.

besuchen + A
besuchte
besucht

(der Besuch der Großmutter)

Wir ~ Fritz im Krankenhaus.
Meine Großmutter ~ uns jeden Sonntag.
Wir ~ die Großmutter mittwochs.

sich betätigen (intr.)
betätigte sich
hat sich betätigt

(die Betätigung)

In seiner Freizeit ~ ~ mein Vater als Gärtner.
Ich möchte mich stärker politisch ~ und werde deshalb in eine Partei eintreten.

sich beteiligen an + D
beteiligte sich
hat sich beteiligt

(die Beteiligung an einem Preisausschreiben)
(die Beteiligten an dem Unfall)

Ich habe nur zugehört, ich habe mich an dem Gespräch nicht ~.
Waren Sie an dem Unfall ~?
Ich ~ mich grundsätzlich nicht an Diskussionen über dieses Thema.

beten (intr.)
betete
gebetet
(ein Gebet sprechen)

(zu Gott sprechen, Gott bitten)
Als er große Angst hatte, ~ er zu Gott.
~ und arbeite!
Not lehrt ~.

betrachten + A
betrachtete
betrachtet

(vergl. beobachten)
(die Bildbetrachtung)

Wir ~ ein Bild.
Wir ~ das Problem von verschiedenen Standpunkten.

betreten + A
betritt
betrat
betreten

Taubner hatte dieses Lokal noch nie ~.
„Das ~ der Baustelle ist verboten!"

betrügen (+ A)
betrog
betrogen

(der Betrüger)
(der Betrug)
(betrügerisches Verhalten)

Du mußt aufpassen, was er mit den Händen macht: er ~ oft beim Kartenspiel.
Der Händler wollte die alte Frau um 100 DM ~.

beugen + A
beugte
gebeugt

1. Bei der Gymnastik: den Rücken ~; die Knie ~.
2. ein Verb ~ (konjugieren)
ein Nomen ~ (deklinieren)
3. Eine optische Linse ~ den Lichtstrahl.

sich beugen
beugte sich
hat sich gebeugt

Er ~ ~ aus dem Fenster, um die Straße besser zu überblicken.

beurteilen + A
beurteilte
beurteilt

(die Beurteilung des Jungen ist schwierig)

Es ist sehr schwer, ihn zu ~, denn er spricht wenig.

etwas, jn. { richtig / falsch / gerecht / streng / günstig } ~

bevormunden + A
bevormundete
bevormundet

(elternlose Kinder bekommen einen Vormund)

(jn. nicht selbst entscheiden lassen) Er ist ein schlechter Klassensprecher. Er läßt uns nicht diskutieren, sondern will uns immer ~.

bevorzugen + A
bevorzugte
bevorzugt

(die Bevorzugung der Lieblingsschüler durch den Lehrer)

„Was rauchen Sie lieber: dunkle oder helle Zigarren?“ „Ich ~ dunkle.“
Ein ungerechter Lehrer ~ immer seine Lieblingsschüler.

bewahren + A
bewahrte
bewahrt

In einer Gefahr ist es immer gut, die Ruhe zu ~.

sich bewähren
bewährte sich
hat sich bewährt

(zwei Jahre Gefängnis ohne Bewährung)
(ein bewährter Freund)
(ein bewährtes Mittel gegen Kopfschmerzen)

„Er hat ~ schon zehn Jahre in unserer Firma als guter Arbeiter ~.
Wir können ihm vertrauen."

beweisen (+ Dp) + As
bewies
bewiesen

(der Beweis)

Die Polizei glaubt, daß Otto das Auto gestohlen hat, aber sie kann es ihm nicht ~.
Die Fahrt des Kolumbus ~, daß die Erde eine Kugel ist.
Wie kann man ~, daß $a^2 + b^2 = c^2$ ist?

bewegen + A
bewegte
bewegt

Gott ~ die Sterne.
Er wollte den Wagen schieben, aber er konnte ihn keinen Zentimeter vorwärts ~.

bewegen + A (zu + D)
bewog
bewogen

Ich ~ meinen Freund, mit mir ins Kino zu gehen.
Ich ~ ihn zu einem Kinobesuch.
[wird im Schriftlichen gebraucht; ein gehobener Ausdruck]

sich bewegen
bewegte sich
hat sich bewegt

(Bewegung tut gut)
(das bewegte Meer)

Ein Toter ~ ~ nicht mehr.
Die Erde ~ ~ um die Sonne.
Auf der Tanzfläche war es so voll, daß man ~ kaum ~ konnte.

sich bewerben um + A
bewirbt sich
bewarb sich
hat sich beworben

(die Bewerbung an einer Universität, bei einer Firma, um eine Frau)

1. Er ~ ~ um die schöne Anita, aber sie wollte ihn nicht heiraten.
2. Er ~ ~ an der Universität um Zulassung.
3. Die Parteien ~ ~ um die Gunst der Wähler.

bewundern + A
bewunderte
bewundert

(er sieht bewundernd zu ihm auf)
(er ist voller Bewunderung für ihn)

Der Junge ~ seinen Vater, weil der so gut Auto fährt.
Ich ~ deinen Mut.

bezahlen (+ A)
bezahlte
bezahlt

die Rechnung ~
die Ware ~
die Leistung ~
den Angestellten ~
„Wer bezahlt?" – „Er".

bezeichnen + A + als + A
bezeichnete
bezeichnet

(die genaue, passende Bezeichnung für eine Sache)
(das ist bezeichnend für ihn)

Er hat ihn als den größten Politiker unserer Zeit ~.
Das Wort „Schloß" ~ zwei verschiedene Dinge.

bezweifeln + A
bezweifelte
bezweifelt

(vergl. zweifeln, der Zweifel)

Er meint, er könne mit dem Auto in sechs Stunden von Hamburg nach München fahren. Ich ~, daß er das kann. Ich ~ das.

biegen
bog
gebogen

(die Straßenbiegung)

1. + A
Bist du so stark, daß du eine Eisenstange ~ kannst?
2. (intr.)
Der Wagen ~ in eine Seitenstraße (ein).

bieten (Dp) + A
bot
geboten

(vergl. anbieten)

Das Nachtfahren ~ wenig Vorteile.
Was ~ das Hotel seinen Gästen?
Ich ~ jedem, der meinen Ring wiederfindet, 50 DM Belohnung.

bilden + A
bildete
gebildet

~ Sie bitte mit diesen Wörtern Sätze!
Es fiel ihr nicht leicht, sich zu diesem Thema eine Meinung zu ~.

sich bilden
bildete sich
hat sich gebildet

(die Schulbildung)
(ein gebildeter Mann)
(bildende Lektüre)

Ich ~ mich, indem ich viel lese und reise.
Durch den Regen ~ ~ überall Pfützen auf der Straße.

binden + A (an + A)
band
gebunden

(eine Binde um die Wunde)
(ein blaues Band im Haar)
(der Bund der Steuerzahler)
(die Bundesrepublik)

Er ~ den Esel an einen Baum, legte sich daneben und schlief ein.
Wir ~ ihr ein Tuch um die Augen und spielen „Blinde Kuh".
Man kann Soße mit Mehl ~, damit sie nicht zu dünnflüssig ist.

sich binden an + A
band sich
hat sich gebunden

(die Bindung an jemanden)

Wer ~ durch die Heirat für immer an jemanden ~, muß sich die Sache vorher gut überlegen.

bitten + A + um A
bat
gebeten

(eine Bitte erfüllen oder abschlagen)
(ungebetene Gäste)

Er ~ seinen Vater um etwas Geld.
Taubner setzte sich an den Tisch, ohne die Leute um Erlaubnis zu ~.
Ich ~ ihn, mir etwas Geld zu geben.

blamieren + A
blamierte
blamiert

(das war eine große Blamage)

Er ~ seine Eltern mit seinem schlechten Benehmen; seine Eltern müssen sich schämen, daß er ihr Sohn ist.

blasen
bläst
blies
geblasen

(die Blase)

1. (intr.)
Der Wind ~ stark, so daß die Blätter ums Haus flogen.
2. + A
Er ~ Trompete. (Er ~ auf der Trompete.)

blättern in + D
blätterte
geblättert

(die Blätter eines Buches, einer Illustrierten ohne besondere Aufmerksamkeit umdrehen)
Eine halbe Stunde, bevor Herr Müller schlafen geht, setzt er sich in einen Sessel, trinkt ein Bier und ~ in einer Illustrierten.

bleiben (intr.)
blieb
ist geblieben

(ein bleibender Eindruck)

Er hatte Angst vor seiner Frau; deshalb ~ er noch ein bißchen im Gasthaus.
„Nicht wahr, Frau Dr. Petrick, wir ~ Freunde!“

blenden (+ A)
blendete
geblendet

(eine blendende Leistung, eine blendende Erscheinung)
(blind machen)

Die helle Sonne ~ den Autofahrer; er muß die Sonnenbrille aufsetzen.
Die Sonne ~.
Seine schönen Reden haben mich am Anfang ~; aber jetzt durchschaue ich seinen schlechten Charakter.

blicken (intr.)
blickte
geblickt

(der Blick)
(der Augenblick)

In regelmäßigen Abständen ~ Taubner hinter sich. Er wollte sehen, ob jemand hinter ihm herging.
Seit er sich so schlecht benommen hat, ließ er sich nie wieder bei uns ~.

blinzeln (intr.)
blinzelte
geblinzelt

Er hatte keine Sonnenbrille; deshalb mußte er ~, als er die Zeitung las.

blitzen (intr.)
blitzte
geblitzt

(der Blitz)

Während des Gewitters donnerte und ~ es.
Das Licht ~ in den Scheiben.

blockieren
blockierte
blockiert

(der Block)

1. (intr.)
Die Räder ~, als er die Bremse voll durchtrat.
2. + A
Der Laster stand quer und ~ die ganze Straße.

blühen (intr.) blühte geblüht (die Blüte) (er ist blühend gesund) (blühende Gesundheit)	Im Frühjahr ~ die Blumen. das Geschäft ~ der Handel ~
bohren bohrte gebohrt (der elektrische Bohrer)	1. (intr.) Mama sagt, ich soll nicht immer in der Nase ~. 2. (+ A) Er ~ mit dem elektrischen Bohrer ein Loch in die Wand.
braten + A brät briet gebraten (die Bratpfanne, die Bratwurst)	Fisch ~ Fleisch ~ Kartoffeln ~
brauchen brauchte gebraucht (gebrauchen, verbrauchen, der Brauch)	1. + A Ich ~ einen Füller zum Schreiben. Was soll ich tun? Ich ~ einen guten Rat. 2. (wie ein Modalverb) Er ist schon 16 Jahre alt; er ~ nicht mehr in die Schule zu gehen. Ich ~ diese Wörter nicht zu lernen; ich kann sie schon alle.
brechen bricht brach *ist* gebrochen (der Bruch, der Steinbruch)	Glück und Glas, wie leicht ~ das! Sein Bein ~. [Er *hat sich* das Bein ~.]
bremsen bremste gebremst (die Bremse)	1. (intr.) Er ~, und dann hielt sein Auto. 2. (+ A) Er ~ sein Auto.

brennen (intr.) brannte gebrannt (den Brand des Hauses löschen) (brennendes Interesse für + A haben)	Feuer ~. Papier ~ leicht. Die Kinder hatten das Haus beim Spielen angesteckt. Es ~ zwei Tage lang.
bringen + Dp + As brachte gebracht	Der Kellner ~ Herrn Taubner das Glas. Das ~ ihm kein Glück.
brüllen (intr.) brüllte gebrüllt (das Gebrüll)	(laut schreien:) Der Ochse ~. Der Sturm ~. Er ~ vor Schmerz, vor Wut.
brummen (intr.) brummte gebrummt	Er kann nicht singen, er ~ wie ein Bär. Er antwortete nicht, sondern ~ nur unfreundlich. Es war sehr still, nur die Käfer ~ auf der Wiese.
sich bücken bückte sich hat sich gebückt	Er ~ ~ und hob ihr Taschentuch auf.
bügeln bügelte gebügelt (das Bügeleisen)	1. (+ A) Die Mutter ~ die Hose des Vaters. 2. (intr.) Sie ~ nicht gern.
bummeln (intr.) bummelte gebummelt (der Bummel durch die Stadt) (wir kommen durch deine Bummelei zu spät)	1. (*ist* gebummelt) Ich ~ gern mit meiner Freundin durch die Stadt und sehe mir die Schaufenster an. 2. (*hat* gebummelt) Er ~ jeden Morgen so lange, daß er zu spät kommt.

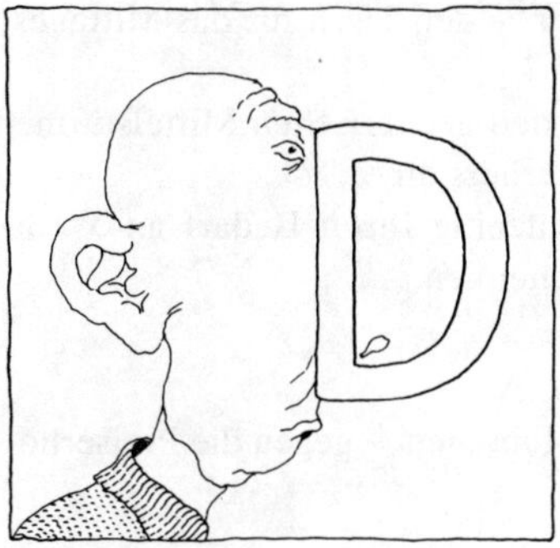

danken + D (für + A) dankte gedankt (der Dank für + A) (ein dankbarer Mensch)	„Ich ~ dir für das schöne Geschenk!“ danke schön! danke sehr! danke vielmals! nichts zu danken!
daherreden (intr.) redete daher dahergeredet	„~ bitte nicht so dumm ~; davon verstehst du doch nichts.“
darstellen + A stellte dar dargestellt	1. Er spielt heute Theater. Er ~ einen Verbrecher ~. 2. ~ Sie bitte ~, warum Sie für das Nachtfahren sind!
dauern (intr., aber die Zeitangabe im A!) dauerte gedauert (die Dauer der Ferien) (dauernde Störungen) (er stört dauernd)	Wie lange ~ die Ferien? Der Unterricht ~ einen halben Tag. Wie lange ~ der Flug?

decken + A deckte gedeckt (die Zimmerdecke, die Tischdecke) (der Deckel)	Die Mutter ~ den Tisch für das Mittagessen. Wenn ihr den gegnerischen Mittelstürmer nicht ~, verliert ihr. ~ Sie rechtzeitig Ihren Bedarf an Weihnachtsgeschenken.
demonstrieren demonstrierte demonstriert (die Teilnehmer an einer Demonstration) (die Demonstranten)	1. gegen + A Tausend Menschen ~ gegen die Preiserhöhungen. 2. + A Er ~ seine gute Form, indem er sehr schnell 10000 m lief.
demütigen + A demütigte gedemütigt (dienen; der Mut) (eine Demütigung erleiden) (ist Demut eine Tugend?) (eine demütigende Strafe) (eine demütige Bitte)	„Gut, du hast ihn besiegt, aber du solltest ihn nicht auch noch ~!" Ich weiß nicht, warum es ihm Spaß macht, mich dauernd zu ~, wenn wir in Gesellschaft sind.
denken (intr.) (an + A) dachte gedacht (ein guter Gedanke)	Er ~: „Da habe ich Glück gehabt!" Ich ~ immer an dich. Herr Vorbrüggen ~ gern an die Ferien.
dienen + D diente gedient (der Dienst des Beamten) (die Dienstzeit ist von 8 bis 17 Uhr) (der Diener)	Der Diener ~ seinem Herrn. Niemand kann zwei Herren dienen (Sprichwort). Die Kissen auf dem Sofa ~ der Bequemlichkeit. Ich kenne zwar den Motor meines Autos etwas, aber ich weiß nicht genau, (zu) welchem Zweck dieser Schlauch ~.
diktieren (+ Dp) + As diktierte diktiert	Der Chef ~ der Sekretärin einen Brief. Der Lehrer ~ den Schülern einen kurzen Test.

(das Diktat) (der Diktator) (die Diktatur)	Nach einem Krieg kann der Sieger dem Verlierer die Friedensbedingungen ~.
dirigieren + A dirigierte dirigiert	Der Dirigent ~ das Orchester. Der Hausbesitzer ~ den Möbelwagen durch das Gartentor.
diskutieren (mit Dp + über + A) diskutierte diskutiert (die Diskussion mit + D, über + A)	Wir ~ lange ~ dem Lehrer ~ das Rauchen in der Schule. Wir ~ oft und gern.
donnern (intr.) donnerte gedonnert (der Donner)	Während eines Gewitters ~ und blitzt es. Als er nachts nach Hause kam, muß er heftig an die Tür ~, damit man ihm aufmachte.
dösen (intr.) döste gedöst	Er liegt müde in der Sonne und ~. Ab und zu öffnet er die Augen.
drängen + A drängte gedrängt (der Drang nach Freiheit) (das Gedränge auf dem Markt) (ein aufdringlicher Kerl, der sich nicht abweisen läßt)	In der Pause ~ die Kinder den kleinen Fritz in eine Ecke. „Ich brauche Zeit für die Arbeit; ich lasse mich nicht von Ihnen ~!" Einen Schuldner ~ (das Geld bald zurückzugeben)
drehen + A drehte gedreht	Der Wind ~ das Windrad. Eine Schraube muß man ~.
sich drehen drehte sich hat sich gedreht (die Drehung der Erde)	Ein Rad ~ ~. Die Erde ~ ~. Der Wind kann ~ ~. Das ganze Gespräch ~ ~ nur um Geld.

drohen + D (mit + D)
drohte
gedroht

(eine Drohung wahrmachen)
(ein drohendes Unglück verhindern)
(vergl. bedrohen)

Tom ~ dem „Neuen“: „Wenn du frech wirst, verhaue ich dich!“

Dem Verbrecher ~ { Strafe / Gefängnis / die Hinrichtung

dröhnen (intr.)
dröhnte
gedröhnt

(das Gedröhne der Flugzeuge)

Es ~ laut, wenn ein Zug über eine Brücke fährt.
der Donner ~
das Gelächter ~
laute Musik ~

drucken + A
druckte
gedruckt

(er lügt wie gedruckt)
(der Buchdrucker)
(der Buchdruck)
(der Luftdruck, Wasserdruck)

Dieses Buch wurde in 1000 Exemplaren ~.
Auf Stoffe kann man Muster ~.
Welcher Verlag hat dieses Buch ~?

drücken
drückte
gedrückt

(der Händedruck, der Knopfdruck, der Druckknopf)
(drückende Schulden)

1. (+ Dp) + A
Zum Dank ~ ich dir die Hand.
Wenn du klingeln willst, mußt du den Knopf ~.
2. auf + A (mußt du *auf* den Knopf ~)
Das Gewicht der Brücke ~ auf die Pfeiler.
(den Daumen drücken für + A = jm. Erfolg wünschen)

dulden + A
duldete
geduldet

(die Geduld mit dem Kranken)
(geduldig warten)

„Ich kann nicht ~, daß Ihr Sohn meinem Kleinen alles wegnimmt.“
Ich ~ das nicht; ich wehre mich dagegen.

durchführen + A führte durch durchgeführt	Hänschens Plan, alle Lehrer ins Gefängnis zu stecken, ist gut, aber er kann ihn wahrscheinlich nicht ~. eine Arbeit ~ einen Auftrag ~ einen Versuch ~
durchqueren + A durchquerte durchquert (vergl. überqueren)	Die Soldaten ~ den Fluß zu Fuß, denn er war nicht tief. In meinen Ferien habe ich ganz Südamerika ~.
sich durchsetzen gegen + A setzte sich durch hat sich durchgesetzt	Am Anfang haben alle über ihn gelacht. Aber allmählich hat er ~ ~; jetzt ist er Klassensprecher. Er ~ ~ gegen seine Feinde ~.
dürfen (+ A) (Modalverb) darf durfte gedurft	„Kommst du mit?" „Nein, ich ~ nicht." Ich ~ das nicht. „~ ich etwas fragen?" „~ ich mal in Ihre Zeitung schauen?
sich duschen duschte sich hat sich geduscht (die Dusche)	Nach dem Sport ~ wir uns und gehen nach Hause.

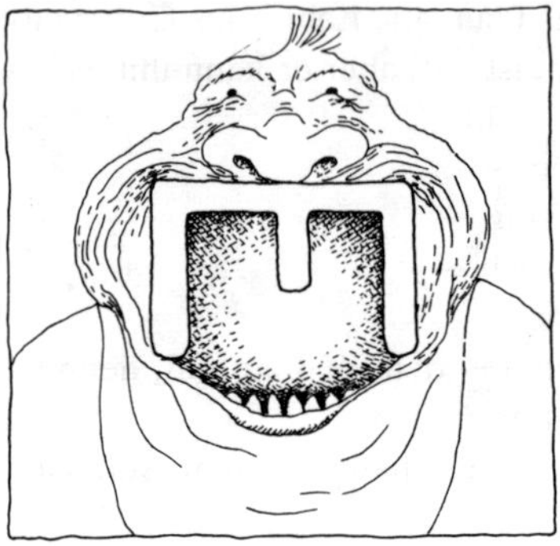

ehren + A
ehrte
geehrt

(die Ehre)
(die Ehfurcht vor dem alten Künstler)
(der Ehrgeiz)
(ein ehrlicher Finder)
(ein ehrgeiziger Schüler)

Als unser Chef 50 Jahre alt wurde, ~ man ihn in einer kleinen Feier.
Du sollst deine Eltern ~.
Viele Leute werden zu spät ~, nämlich erst durch einen Nachruf in der Zeitung.

sich eignen zu + D
eignete sich
hat sich geeignet

(seine Eignung zum Schauspieler)

Unser Chemielehrer ~ ~ nicht zum Schauspieler.
Eine Zahnbürste ~ ~ nicht zum Schuheputzen.

eilen (intr.)
eilte
geeilt

(die Eile)
(er hat es immer eilig)

1. (Perf. mit sein)
Der Arzt ~ zur Unglücksstelle; trotzdem kam er zu spät.
2. (Perf. mit haben)
~ mit Weile!

sich eilen
eilte sich
hat sich geeilt

„Du mußt dich ~, sonst kriegst du den Zug nicht mehr!“

sich (Dativ) einbilden
bildete sich ein
hat sich eingebildet

(die Einbildung:
1. die Phantasie
2. die zu hohe Meinung von sich selbst)
(eine eingebildete Krankheit)
(ein eingebildeter Mensch)

1. + A
Das andere Auto kam auf mich zu. Einen Moment ~ ich mir ~, daß es noch gutgehen könnte. Das ~ ich mir ~. Aber das war ein Irrtum.
2. etwas/viel + auf + A
Er ~ ~ viel auf seinen Reichtum ~.

eindringen in + A
drang ein
ist eingedrungen
(der Eindringling)
(eine eindringliche Mahnung)

Die Verbrecher ~ mit Gewalt in das einsame Haus ~.
Das Hochwasser stieg und ~ in unseren Keller ~.
Es ist schwer, in die Gedankenwelt eines Philosophen ~.

einfallen + D
fällt ein
fiel ein
ist eingefallen

(ein guter Einfall!)

ich habe einen Gedanken = *mir* fällt etwas ein
Ich überlegte lange. Dann ~ mir ~, was ich tun sollte. Ein guter Lösungsweg ~ mir ~.

einholen + A
holte ein
eingeholt

(vergl. überholen)

Ich fuhr schneller und ~ ihn bald ~, so daß wir nebeneinander fuhren.

einkaufen + A
kaufte ein
eingekauft

(ein teurer Einkauf)

„Die alte Dame geht immer allein ~."
„Was ~ sie denn ~?"
„Alles, was sie täglich braucht."

einladen + Ap + zu + Ds
lädt ein
lud ein
eingeladen

(die Einladung zum Geburtstag)

Ich ~ dich zu meinem Geburtstag ~.
Sie ~ mich mit einer Handbewegung zum Platznehmen ~.

einleiten + A
leitete ein
eingeleitet
(die Einleitung)

Klaus ~ seinen Aufsatz mit einem Sprichwort ~. Dann ist er schnell beim Thema.

sich einmischen in + A
mischte sich ein
hat sich eingemischt
(die Einmischung in die Angelegenheiten anderer Leute)

Er ist sehr neugierig und unhöflich; er ~ ~ immer in die Angelegenheiten anderer Leute ~.
„Was wir besprechen, geht dich nichts an! ~ dich nicht ~!"

sich (D) einprägen + A (kein Passiv)
prägte sich ein
hat sich eingeprägt

(= etwas gründlich lernen)
Ich ~ mir die Melodie gut ~ und sang sie dann richtig.

einrichten + A
richtete ein
eingerichtet

Nachdem wir die Wohnung gemietet hatten, ~ wir sie (mit unseren Möbeln) schön ~.

einschlafen (intr.)
schläft ein
schlief ein
ist eingeschlafen
(vergl. schlafen)

Er war müde. Er wusch sich, ging ins Bett und ~ sofort ~.
Unser Briefwechsel ist allmählich ~.

einsehen + A (kein Passiv)
sieht ein
sah ein
eingesehen
(die Einsicht)

(begreifen, verstehen)
Ich habe lange mit ihm gesprochen, aber er will nicht ~, daß er einen Fehler gemacht hat. Er ~ das nicht ein.

einsetzen
setzte ein
eingesetzt
(das Einsetzen der Scheibe, der Verben)
(der richtige Einsatz der Stimmen)

1. + A
Franz zerbrach eine Fensterscheibe. Der Glaser ~ sie wieder ~. – Bei manchen Übungen ~ Sie Verben in die Lücken ~.
2. (intr.)
Wenn der Schulchor singt, müssen alle Stimmen im richtigen Moment ~.

einschüchtern + A schüchterte ein eingeschüchtert	Tom wollte den „Neuen“ mit Worten ~; aber der hatte keine Angst.
einsperren + A sperrte ein eingesperrt	Man fing den Dieb und ~ ihn ins Gefängnis (ein).
einsetzen + A + in + A setzte ein eingesetzt	Wir ~ die richtigen Wörter ~ die Lücken ~.
einsteigen in + A stieg ein ist eingestiegen (Gegenteil: aussteigen) (die Einstiegsöffnung des Unterseebootes)	Er ~ in den Zug (das Auto) ~. Der Dieb ~ durch das Fenster ins Haus ~.
sich einstellen auf + A stellte sich ein hat sich eingestellt (die richtige Einstellung finden)	Man muß ~ auf die Nachtfahrt ~, das heißt vorher genug schlafen und leichte Kost zu sich nehmen. Man muß ~ auf jeden neuen Lehrer ~.
einteilen + A teilte ein eingeteilt (die Einteilung der Geschichte in Abschnitte)	Wir ~ die Geschichte in Abschnitte ~. Du mußt dir {deine Zeit / die Arbeit} besser ~.
eintragen + A trägt ein trug ein eingetragen (die Eintragung der Zahlen in die Tabelle) (der Eintrag ins Klassenbuch)	Wir rechnen Summen aus und ~ sie in eine Tabelle ~. „Wenn du weiterhin den Unterricht störst, ~ ich dich ins Klassenbuch ~!“

eintreten (intr.)
tritt ein
trat ein
ist eingetreten

(der Eintritt kostet 2 DM)
(bei Eintritt der Dunkelheit)

Er klopfte an die Tür, öffnete sie und ~ in das Zimmer ~.
„~ Sie bitte ~!“
Was wir befürchteten, ~ ein: sie wurde krank und mußte ins Krankenhaus.
Erst als der Redner das Publikum darum bat, ~ Ruhe ~.
Ich bin gestern in einen Sportverein ~.

empfangen + A
empfängt
empfing
empfangen

(der Empfang der Gäste)

Frau Maier ~ ihre Gäste mit freundlichen Worten.
eine Belohnung / Geschenke / Besucher } ~

empfehlen + Dp + As
empfiehlt
empfahl
empfohlen

(die Empfehlung)
(das empfohlene Menü)

„Welche Speise ~ Sie mir, Herr Ober?“
„Das Menü Nr. 3, das kann ich Ihnen ~. Es schmeckt sehr gut.“
ein Buch / einen neuen Mitarbeiter / ein Hotel } ~

empfinden + A
empfand
empfunden

(ein empfindlicher Mensch ist leicht zu beleidigen)
(ein empfindsamer Mensch hat tiefe Gefühle)
(die Empfindung des Schmerzes)

Ich ~ keine Sympathie für Leute, die mit ihren Autos rasen.
Furcht vor + D / Reue über + D / Freude an + D / Mitleid mit + D / Durst, Hunger / Wärme, Kälte } empfinden

enden (intr.)
endete
geendet

(das Ende)

Das sagte sie, und damit ~ das Gespräch.
Der Film ~ gegen 10 Uhr.
Die Eisenbahnlinie ~ an der Grenze.
Das wird nicht gut ~!

entdecken + A
entdeckte
entdeckt

(die Entdeckung Amerikas)

Columbus ~ Amerika.
Plötzlich ~ er, daß er gar keine Hose anhatte.

enteignen + A
enteignete
enteignet

(die Enteignung)

(jm. das Eigentum wegnehmen)
Nach der Revolution ~ der Staat die Großgrundbesitzer.

entführten + A
entführte
entführt

(die Entführung)
(der Entführer)
(die entführte Braut)

Die Kidnapper ~ den Politiker in einen Wald.
In manchen Gegenden ist es Brauch, die Braut am Hochzeitstag kurz zu ~. Der Bräutigam muß sie suchen.

enthalten + A (kein Passiv)
enthält
enthielt
enthalten

„Was ~ diese Flasche?" „Wasser."
„Wieviel Wasser ~ diese Flasche?" „Einen Liter."
Dieses Buch ~ viele Geschichten.

sich entkleiden
entkleidete sich
hat sich entkleidet

(das Kleid)
(die Kleidung)

Er ~ ~ und legte sich ins Bett.

entlangfahren (Ort im A)
fährt entlang
fuhr entlang
ist entlanggefahren

Wir ~ einen Fluß ~ und kamen dann in eine Stadt.

entlassen + A
entläßt
entließ
entlassen

(die Entlassung aus dem Krankenhaus)
(die entlassene Verkäuferin)

Nach drei Jahren wurde er aus dem Gefängnis ~; nun war er wieder frei.
Der Kaufmann ~ die Verkäuferin, weil sie zu unhöflich zu den Kunden war.

entlasten + A
entlastete
entlastet

(die Entlastung des Angeklagten durch einen Zeugen)

Sein Verteidiger wollte ihn vor Gericht ~, aber er fand nicht viele Argumente.
Der Tagesverkehr wird ~, wenn viele Urlauber nachts fahren.
Er hilft seiner Mutter im Haushalt und ~ sie dadurch.

entscheiden (+ A)
entschied
entschieden

(die Entscheidung der Mutter)
(ein entscheidender Fehler)

Die Mutter ~ den Streit: Hans durfte mit dem roten, Fritzchen mit dem blauen Auto spielen.
Sie ~, wie es gemacht werden sollte.

es entscheidet sich, ob . . .
entschied sich, daß . . .
hat sich entschieden, daß . . .

Wann ~ es ~, ob er versetzt wird oder nicht? Gestern hat es ~ ~, daß er sitzenbleibt.

sich entschließen
entschloß sich
hat sich entschlossen

(der Entschluß, das Kleid zu kaufen)
(ein entschlossener Charakter)

1. + Inf.
Er ~ ~, die Wahrheit zu sagen.
2. zu + D
Sie ~ ~ zum Kauf des neuen Kleides.

entschuldigen (+ A)
entschuldigte
entschuldigt

„~ Sie (mich) bitte“, sagte er, als es klingelte und er seine Gäste allein lassen mußte.

sich entschuldigen bei Dp
wegen Gs

(ich bitte um Entschuldigung)
(unentschuldigtes Fehlen)

Er ~ ~ bei dem Lehrer ~ seiner Verspätung.

entstehen (intr.)
entstanden
ist entstanden

(der entstandene Schaden ist groß)

Wie ist das Leben auf der Erde ~?
Es ~ ein großer Lärm, so daß der Redner nicht fortfahren konnte.

entwickeln + A entwickelte entwickelt (eine günstige, ungünstige Entwicklung)	Der Lehrer ~ gerade einen Test, mit dem er prüfen will, wieviele Schüler noch Schwierigkeiten mit dem Passiv haben. Einen (Foto-) Film ~ Die Automobilindustrie ~ ständig neue Autotypen.
sich entwickeln entwickelte sich hat sich entwickelt (die körperliche, geistige Entwicklung)	Klaus hat ~ in einem Jahr von einem braven Kind zu einem frechen Jungen ~. Die Diskussion ~ ~ sehr mühsam.
erdulden + A erduldete erduldet (vergl. dulden)	Der Alte war immer sehr böse; sie mußte viele böse Worte von ihm ~ und durfte sich nicht wehren.
sich ereignen ereignete sich hat sich ereignet (das Ereignis)	Gestern hat ~ vor unserem Haus etwas Schreckliches ~: es gab einen schweren Unfall.
erfahren + A (kein Passiv) erfährt erfuhr erfahren (die Erfahrung, die Lebenserfahrung) (ein erfahrener Autofahrer)	„Vermutlich wird es die Polizei noch ~", sagte das Mädchen und lachte laut. „Ich habe *von* Ihrem Onkel ~, daß Sie schon zehnmal in China waren." „Ich habe etwas sehr Interessantes *über* ihn ~. Soll ich's erzählen?"
erfassen + A erfaßte erfaßt	Das Motorrad ~ den Fußgänger und riß ihn zu Boden. Er hatte Mühe, den Kern des Problems zu ~ (begreifen).

erfinden + A erfand erfunden (die Erfindung des Autos) (erfundene Geschichten)	Ich will eine Maschine ~, die alle Hausaufgaben macht. Er fehlt oft in der Schule und ~ dafür viele Ausreden.
erfüllen + A erfüllte erfüllt (die Erfüllung des Wunsches, der Pflicht, der Bedingung)	„Theodor liebt mich. Er ~ mir jeden Wunsch, den ich äußere." „Sie müssen mir erst die Wahrheit sagen. Nur wenn diese Bedingung ~ ist, helfe ich Ihnen." Dieser Mord ~ uns mit Schrecken; wir wollten nichts mehr davon hören.
ergänzen + A ergänzte ergänzt (die Ergänzung)	L.: „Wer kann folgenden Satz ~: Er holt sie vom Kino . . ." Sch.: „Er holt sie vom Kino *ab*."
ergreifen + A ergriff ergriffen (die Ergreifung des Diebs) (ergreifende Musik) (ergriffene Zuhörer)	Die Polizei ~ den Dieb. Welchen Beruf willst du ~? Man muß jede Gelegenheit ~, um etwas Geld zu verdienen. Welche Maßnahmen ~ die Regierung, um eine Revolution zu verhindern?
erhalten + A (kein Passiv) erhält erhielt erhalten (der Erhalt des Briefes) (die Erhaltung antiker Bauwerke)	1. (bekommen) Gestern ~ ich einen Brief von meinem reichen Onkel. eine Antwort ~ viel Beifall ~ ein Geschenk ~ 2. (bewahren; dafür sorgen, daß etwas weiter besteht) „Wir bauen hier kein Hochhaus, weil wir die alte Kirche ~ möchten."
sich erheben erhob sich hat sich erhoben	Der Großvater wird wach, ~ ~ und geht zum Bett des Jungen. In der Ferne ~ ~ einige Berge.

erhitzen + A
erhitzte
erhitzt

(die Hitze) (heiß)

Wir ~ das Wasser auf 100 Grad.
Die bösen Worte des Lehrers hatten die Gemüter ~; nun redeten alle durcheinander.

sich erholen von + D
erholte sich
hat sich erholt

(die Erholung)

Meine Tante ~ ~ schnell von ihrer Krankheit.

~	gut	von einer Anstrengung
	gründlich	von einem Schrecken
	rasch	von einer Krankheit

sich erinnern an + A
erinnerte sich
hat sich erinnert

(die Erinnerung an + A)

ich ~ mich gern an den schönen Urlaub.
Es war eine Freude, ~ daran zu ~.

	gut	
Ich kann mich	deutlich	daran ~
	genau	

sich erkälten
erkältete sich
hat sich erkältet

(die Erkältung)

„Seit wann hast du Husten und Schnupfen?"
„Ich habe mich gestern beim Baden ~."

erkennen + A
erkannte
erkannt

(die Erkenntnis der Wahrheit)
(was er in der Hand hat, ist wegen der Entfernung nicht mehr erkennbar)
(eine erkennbare Absicht)

„Oh, Entschuldigung! Ich habe Sie nicht gleich ~ und deshalb nicht gegrüßt."
Erkenne dich selbst!
„Kannst du ~, ob er etwas in der Hand hat?" „Nein, er ist zu weit entfernt." – Ein Arzt muß die Ursache einer Krankheit ~, wenn er sie wirklich heilen soll.

erklären (+ Dp) + As
erklärte
erklärt

(die Erklärung des Rätsels)
(die Erklärung der Regierung)
(sein Zorn ist erklärlich)

„Ich verstehe diese Regel nicht. Würden Sie mir diese Regel noch mal ~?"
Ein Lehrer, der seine Sprache nicht beherrscht, kann den Schülern nichts richtig ~.
Ich möchte das an einem Beispiel ~.

sich erkundigen (bei D) nach + D
erkundigte sich
hat sich erkundigt

(die Erkundigung beim Reisebüro nach Urlaubszielen)

Ich ~ mich beim Reisebüro nach den Möglichkeiten, in die USA zu fliegen.
Er ~ ~ bei Frau Schmidt höflich nach der Gesundheit ihres Mannes. Sie sagte: „Es geht ihm nicht besonders gut."

erlauben + D + A
erlaubte
erlaubt

(die Erlaubnis zu rauchen)
(vergl. Urlaub)

Mein Vater ~ mir das Rauchen nicht.
Er ~ es mir nicht.
Er ~ mir nicht zu rauchen.

erläutern (+ Dp) + As
erläuterte
erläutert

(die Erläuterung der Regel)

Das Buch ~ uns die Grammatikregeln mit Beispielen.
„Bitte ~ Sie diesen Sachverhalt!"

erleben + A (kein Passiv)
erlebte
erlebt

(ein schönes Erlebnis)
(erlebnisreiche Ferien)

„Was hast du denn im Urlaub ~?"
„Oh, etwas ganz Tolles! Ich habe einen Tiger gejagt."
Haben Sie schon einmal einen Unfall ~?

erledigen + A
erledigte
erledigt

(die Erledigungen beim Kaufmann, Metzger . . .)

1. (etwas fertigmachen, etwas zu Ende bringen)
„Ich schreibe gerade den letzten Brief. Dann habe ich meine Post ~."
„Hast du alle Einkäufe ~?" „Ja, ich war beim Metzger, beim Kaufmann und in der Drogerie."
2. (jn. töten; jn. so schlagen, daß er kaum wieder aufstehen kann; jn. geschäftlich usw. zugrunde richten)
Tom sagte zu seinem Feind: „Ich kann dich ~."

erlegen + A
erlegte
erlegt

Der Jäger ~ wilde Tiere.

erleichtern (+ Dp) + As
erleichterte
erleichtert

(ich hörte das mit großer Erleichterung)
(erleichtert atmeten wir auf)
(Gegenteil: erschweren)

Die Vokabelerklärungen ~ uns das Lesen des Textes.
Er gab seine Schuld zu und ~ damit sein Gewissen.
Der Dieb ~ den Herrn um sein Portemonnaie.

erleiden + A (kein Passiv)
erlitt
erlitten

(vergl. leiden)
(erlittenes Unrecht)

Sie ~ bei dem Unfall schwere Verletzungen.
eine Niederlage ~
Schaden ~
Verluste ~
einen Rückfall (nach einer Krankheit) ~

erliegen + D
erlag
ist erlegen

Er ~ seinen Verletzungen. (Er starb an seinen Verletzungen.)
Er ist seinen Verletzungen ~.

ermahnen + A
ermahnte
ermahnt

(die Ermahnung durch den Lehrer)
(ermahnende Worte)

Er ~ mich: „Mach deine Hausaufgaben gründlicher, sonst lernst du nichts!"
„Ich ~ dich nochmal im Guten, aber dann werde ich böse!"

ermorden + A
ermordete
ermordet

(die Ermordung des Präsidenten)

Sie stand in dem Verdacht, ihren Mann ~ zu haben.

ernähren + A
ernährte
ernährt

(der Ernährer der Familie)
(eine gesunde Ernährung)
(guternährte Kinder)

Die Witwe muß vier Kinder allein ~, seit ihr Mann tot ist.
einen Kranken künstlich ~

sich ernähren (von + D) ernährte sich hat sich ernährt	Er lebte vier Jahre allein im Wald und ~ ~ von Wurzeln und wildem Honig.
ernten (+ A) erntete geerntet (die Ernte im Herbst) (die Erntemaschinen)	Der Bauer sät und ~. Im Herbst ~ wir die Früchte. Er ~ viel Lob und Anerkennung.
eröffnen + A eröffnete eröffnet (die Eröffung einer Bilderausstellung)	Er will Gastwirt werden und ein eigenes Restaurant ~. Wir ~ die Diskussion mit einer interessanten Frage.
erregen + A erregte erregt	Die alte Kirche ~ mein Interesse. Sein Glück ~ den Neid der Kollegen. Ihre Antwort ~ Gelächter.
erreichen + A erreichte erreicht (Er wohnt in erreichbarer Nähe)	Er lief schnell, und deshalb ~ er den Zug noch. Du hast keine genaue Adresse angegeben; wie soll der Brief ihn ~? „Er kritisiert dich dauernd. Was will er eigentlich damit ~?"
errichten + A errichtete errichtet	(= ein großes, hohes Gebäude bauen: nicht umgangssprachlich) Wann hat man dieses Gebäude ~? Wann wurde dieses Gebäude ~?
erringen + A errang errungen	Keiner konnte einen Vorteil ~. (einen Sieg erringen)
erscheinen (intr.) erschien *ist* erschienen	1. Ich schaute über die Wiese. Da ~ drei Wildschweine am Waldrand und verschwanden wieder.

(die zum Geburtstag erschienenen Gäste)	Die junge Dame ~ nie pünktlich zum Unterricht. (ironisch) Die Sportzeitung ~ am Montag. 2. (+ D) Die Fahrt ~ ihm risikolos. (vergl. scheinen)
erschießen + A erschoß erschossen	Sie mußte ins Gefängnis, denn sie hatte ihren Mann mit der Pistole ~.
erschrecken (intr.) erschrickt erschrak *ist* erschrocken (vergl. erschrecken + A) (mein Schrecken war groß) (ein schreckliches Unglück)	Ich ~, als ich plötzlich den Dieb im Zimmer sah. „Er sieht sehr krank aus. Erschrick bitte nicht, wenn du ihn siehst!"
erschrecken + A erschreckte erschreckt	Ich ~ meinen Bruder, indem ich plötzlich laut „Hilfe!" rief. Der Unfall ~ ihn sehr.
erschweren (+ D) + A erschwerte erschwert (die Erschwerung der Arbeit) (vergl. erleichtern)	Die dauernden Störungen ~ mir die Arbeit. Die Rettung der Bergsteiger wird durch den starken Schneefall erschwert.
ersetzen + A + durch + A ersetzte ersetzt (der Kaffee-Ersatz) (der Ersatzspieler)	~ Sie bitte die unterstrichenen Ausdrücke ~ andere Wörter. Im Krieg ~ wir den echten Kaffee ~ Getreide.
erstechen + A ersticht erstach erstochen	In ihrer Wut versuchte sie, ihren Mann mit dem Küchenmesser zu ~, aber Gott sei Dank war sie nicht stark genug.
ersticken (intr.) erstickte *ist* erstickt	Er ~, weil er keine Luft mehr bekam.

ertragen + A
erträgt
ertrug
ertragen

Er ~ die Schmerzen geduldig.
Die Schmerzen waren kaum noch zu ~; er nahm deshalb starke Tabletten.
„Soll ich dauernd deine schlechte Laune ~?"

erwachen (intr.)
erwachte
ist erwacht

Der Kranke ~ nach einem langen Schlaf und bat um Wasser.
Er ~ aus einer Ohnmacht.
Als ich das sah, ~ in mir die Erinnerung an . . .

erwähnen + A
erwähnte
erwähnt

(die Erwähnung dieser Tatsache)
(ein erwähnenswerter Vorschlag)

Er erzählte viel von seiner Reise und ~ dabei kurz, daß er meinen Onkel in Rom getroffen hatte.
Er ~ diese Begegnung.

erwarten
erwartete
erwartet
(vergl. warten auf)

(die Erwartung)
(jn. erwartungsvoll anschauen)

1. + A
Ich ~ Sie morgen früh.
Sie ~ ihr erstes Kind. –
Plötzlich schoß mein Großvater mit der Pistole. Ich hatte alles ~, nur nicht das!
2. von + D
Ich ~ von dir, daß du arbeitest, auch wenn ich nicht kontrolliere.

erweitern + A
erweiterte
erweitert

(vergl. weit)
(die Erweiterung)

Wir wollen unser kleines Haus um zwei Zimmer ~.
Die moderne Biologie hat unsere Kenntnisse von der Vererbung ~.
~ Sie Ihren Wortschatz!
Wir ~ einen Bruch, indem wir Zähler und Nenner mit derselben Zahl multiplizieren.

erwerben + A
erwirbt
erwarb
erworben

(der Erwerb eines Vermögens)

Durch Fleiß ~ er ein kleines Vermögen.
Er ~ ihr Vertrauen durch seine Freundlichkeit.

erwürgen + A
erwürgte
erwürgt

Der Verbrecher legte die Hände um den Hals der alten Frau und ~ sie.

erzählen (+ A; von + D)
erzählte
erzählt

(eine spannende Erzählung)

Er ~ ein paar tolle Kriegsabenteuer.
Er ~ vom Krieg.
Er ~ spannend.

erzeugen + A
erzeugte
erzeugt

(der Weg einer Ware vom Erzeuger zum Verbraucher)
(der VW ist ein Erzeugnis der deutschen Industrie)
(die Erzeugung von Wärme, Erdöl, Autos)

Die deutsche Industrie ~ viele Waren: z. B. Autos, Fotoapparate.
Manche Zeitungsberichte ~ Angst und Schrecken.

erziehen + A
erzog
erzogen

(der Erzieher)
(die Erziehung)
(ein guterzogenes Kind)

Die Eltern versuchen, ihre Kinder zu guten Menschen zu ~.

ein Kind durch { Güte / Strenge / ein gutes Vorbild } ~

essen (+ A)
ißt
aß
gegessen

(das Mittagessen)

„Was willst du heute mittag ~:
Schnitzel oder Bratwurst?"
Er ~ gerade zu Mittag.

explodieren (intr.)
explodierte
ist explodiert

(die Explosion der Bombe)

Eine Bombe ~.
Er ~ vor Wut.

exportieren (+ A)
exportierte
exportiert

(der Export von Autos – der Import von Obst nach Deutschland)
(Autos sind ein Exportartikel)

Viele Autos, die in Deutschland produziert werden, werden ins Ausland ~.
Wir importieren Kaffee und ~ Kuckucksuhren.

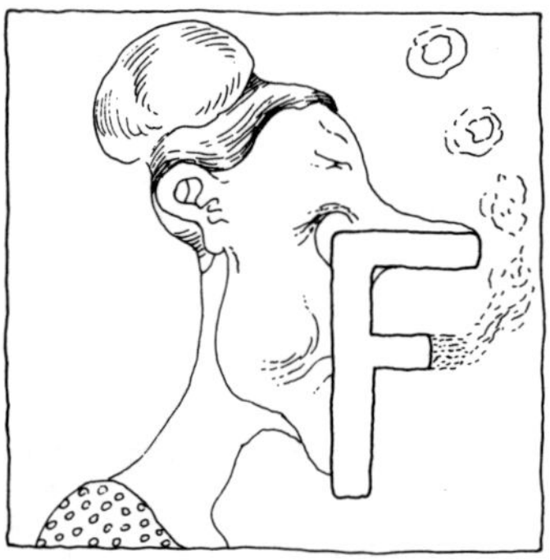

fahren (+ A)
fährt
fuhr
ist gefahren (intr.)

(eine schöne Fahrt)
(der Gefährte)

Er ~ gern Auto. Er ~ leider zu schnell.
Nächstes Jahr ~ wir nach Stuttgart.

fallen (durch + A)
fällt
fiel
ist gefallen

(der Fall)

Ein reifer Apfel ~ vom Baum.
Er hat nichts gelernt; meinst du, er *fällt* deshalb *durch* die Prüfung?
Gestern *fiel* er *durch* die Prüfung.
Ist er *durch* die Prüfung *gefallen*?

es fällt + D + schwer fiel *ist* gefallen	Das Sprechen ~ ihm schwer, denn er war stark erkältet. Es ~ ihm schwer, seine Fehler zuzugeben.
falten + A faltete gefaltet (die Falte)	(ordentlich zusammenlegen) Die Mutter ~ das Tischtuch (zusammen) und legt es in die Schublade. Sie ~ die Hände und betet.
fangen + A fängt fing gefangen (der Tierfang) (der Gefangene) (das Gefängnis) (die Gefangenschaft)	Die Katze ~ die Maus. „~ den Ball, bitte!" Wie lange brauchte die Polizei, um den Mörder zu ~?
fassen faßte gefaßt (die Fassung verlieren, das Faß, das Gefäß, die Verfassung)	1. + A Die Polizei ~ den Dieb. 2. nach + D Er faßte nach der Türklinke. (sich an den Händen fassen und im Kreis tanzen)
sich gefaßt machen auf + A (kein Passiv) machte sich gefaßt hat sich gefaßt gemacht	„Wer mir den Hut wegnimmt, muß ~ auf Schläge gefaßt ~."
fegen (+ A) fegte gefegt (der Kaminfeger, der Schornsteinfeger)	Wir ~ den Fußboden mit einem Besen. Wenn du ~, gibt es viel Staub. Der Geldgewinn hat alle unsere Probleme vom Tisch ~.

fehlen (intr.)
fehlte
gefehlt

(der Fehler)
(eine fehlerhafte Arbeit, eine fehlerlose Arbeit)

„Wer ~?“ „Fritz. Er ist krank.“
Fritz ist mit seinen Eltern in eine andere Stadt gezogen. Er ~ mir sehr.
Bei einer Nachtfahrt ~ die Abwechslung, und du schläfst leicht ein.

fertigbringen + A
brachte fertig
fertiggebracht

Er ~ es nicht ~, sofort seine Frau anzurufen. Er rief deshalb zuerst seinen Anwalt an.
Er kann sich mit dem Fuß hinter dem Ohr kratzen. ~ du das ~?

festhalten + A
hält fest
hielt fest
hat festgehalten

Der Vater ~ das Kind auf der schmalen Brücke ~.

feststehen (intr.)
stand fest
festgestanden

(eine feststehende Redensart: „Er hört das Gras wachsen“)

„Eins ~ ~: ich werde dir nichts mehr leihen, wenn du mir mein Buch nicht zurückgibst!“
„~ schon ~, wann der Wandertag ist?“

feststellen + A
stellte fest
festgestellt

(eine Feststellung treffen)

1. „Woher weiß man, wieviele Unfälle es gibt?“ „Die Polizei kann das ~.“
2. Als er nach Hause kam, ~ er ~, daß seine Frau verschwunden war und ihm noch nicht einmal ein Mittagessen gekocht hatte.

finden + A
fand
gefunden

Er ~ den Lichtschalter nicht.
„Wie ~ du mein neues Kleid?“ „Wunderbar!“
„Ich ~, er sollte sich mal die Haare schneiden lassen.“ „Das ~ ich auch!“

fischen + A fischte gefischt (der Fisch) (der Fischer) (der Fischfang)	„Ich gehe ~." „Womit ~ du?" „Mit einem Netz und einer Angel." Er ~ sich die Wurst aus der Suppe. Sie ~ nach Komplimenten.
flattern (intr.) flatterte geflattert	Der Vogel ~ aufgeregt im Käfig umher und will wegfliegen.
flechten + A flicht flocht geflochten	Blumen zu einem Kranz ~. Haare zu Zöpfen ~. Körbe ~.
flehen (intr.) flehte gefleht	(sehr eindringlich bitten) Die Menschen auf dem sinkenden Schiff ~ zu Gott um Hilfe.
flicken + A flickte geflickt	Der Schuster ~ die Schuhe. Einen Fahrradreifen ~. Eine zerrissene Hose ~.
fliegen (intr.) flog *ist* geflogen (der Flug)	Im Herbst ~ viele Vögel nach Afrika. Er ~ gestern nach Paris ~.
fliehen vor + D floh *ist* geflohen (die Flucht aus dem Gefängnis)	Die Diebe ~ vor der Polizei. Sie ~ ins Ausland.
fließen (intr.) floß *ist* geflossen (der Fluß) (eine Sprache fließend sprechen)	Durch den Garten ~ ein Bach. Durch die Leitung ~ Strom. Bei dem Aufstand ist viel Blut ~.

fluchen (über + A)
fluchte
geflucht

(der Fluch)

Der Vater kann sein Hemd nicht finden.
Er ist wütend und ~ laut.
Er ~ über die Unordnung im Kleiderschrank.

flüstern
flüsterte
geflüstert

1. (+ A)
„Was ~ du ihm ins Ohr? Sag' es doch laut!"
2. (intr.)
Er spricht ganz leise, so daß es nicht jeder hören kann; er ~.

folgen + D
folgte
ist gefolgt

(vergl. verfolgen)
(die Wortfolge)
(folgende Wörter)

Niemand ~ ihm; er war allein.
„Kannst du mir ~?" fragte der Lehrer, als er mir die Elektrizität erklärte. Aber es tat mir leid: ich verstand kein Wort.

folgen aus + D

(die Folgerung aus . . .)

$2 + 2 = 4$
Daraus ~, daß $4 - 2 = 2$ ist.

folgern + A + aus + D
folgerte
gefolgert

(die logische Folgerung aus einer Tatsache)
(folgerichtiges Denken)

Die Fenster waren nicht erleuchtet. Daraus ~ der Einbrecher, daß niemand zu Hause war.
Aus der Tatsache, daß die beiden Geraden keinen gemeinsamen Punkt haben, ~ wir, daß sie parallel sind.

fordern + A
forderte
gefordert

(die Forderung nach + D)

Der Staatsanwalt ~ eine strenge Strafe für den Angeklagten.
Die Arbeiter ~ für ihre Arbeit mehr Geld vom Unternehmer.
Der Unfall ~ drei Tote.

fördern + A
förderte
gefördert

Große Hitze ~ nicht die Aufmerksamkeit im Unterricht.

formulieren + A
formulierte
formuliert
(die Formulierung)

Er mußte ihr etwas Unangenehmes sagen, aber er wußte nicht genau, wie er es ~ sollte.
~ Sie bitte Sätze, auf die man mit „Nein, danke!“ antworten muß.
Wer kann eine Regel zum Passiv ~?

fortfahren (intr.)
fährt fort
fuhr fort
ist fortgefahren

1. Nachdem er den Cognac getrunken hatte, ~ er in seiner Erzählung ~.
2. „Wo ist Peter?“ „Ich weiß nicht. Er ist mit seinem neuen Motorrad ~.“

sich fortpflanzen
pflanzte sich fort
hat sich fortgepflanzt
(die Fortpflanzung der Tiere)

Die stärksten und gesundesten Tiere sollen ~ ~.
Wie ~ ~ Kartoffeln ~?
Wie schnell ~ ~ der Schall ~?

fortsetzen + A
setzte fort
fortgesetzt
(die Fortsetzung des Streits)

Sie hörten nicht auf; sie ~ ihren Streit ~.
Nachdem wir übernachtet hatten, ~ wir unsere Reise ~.

fortwischen + A
wischte fort
fortgewischt

Er ~ das Blut mit dem Taschentuch ~.

fotografieren (+ A)
fotografierte
fotografiert
(das Foto vom Meer)
(der Fotoapparat)
(der Fotograf, Photograph)

Der Tourist ~ das Meer und die Fischerboote.
Er ~ gern.

fragen (+ A)
(regelm.)
(die Frage)
(es ist fraglich, ob er versetzt wird)

„Wie komme ich am besten zum Fußballstadion?“
„Oh, das weiß ich nicht. ~ Sie doch den Polizisten dort!“
Ich ~ mich, was ich tun soll.
Sie « den Polizisten nach dem Weg.
Wer viel ~, bekommt viele Antworten.

fressen (+ A) frißt fraß gefressen	Der Mensch ißt, ein Tier ~. Katzen ~ Mäuse.

es **freut** mich / dich / ihn / sie / uns / euch / sie }, Onkel Heinrich wiederzusehen.

sich freuen auf + A freute sich hat sich gefreut (die Freude auf + A) (er war sehr erfreut über meinen Besuch) (das ist erfreulich) (vergl.: sich freuen über)	Ich ~ mich ~ die Ferien (die noch kommen). „Wir ~ uns auf Ihren Besuch!“
sich freuen über + A (die Freude über + A)	Das Kind ~ ~ über die Geschenke (die es schon hat).
frieren (intr.) fror gefroren (der Frost)	Im Winter ~ die Vögel. Wenn es ~, haben wir Glatteis auf der Straße.
fühlen + A fühlte gefühlt (das Gefühl)	Ich liebe dich. ~ du das nicht? Ich ~, daß er mich haßt. Als ich aufwachte, ~ ich einen bohrenden Schmerz im Kopf.
sich fühlen fühlte sich hat sich gefühlt	Nachdem ich die Tablette genommen hatte, ~ ich mich etwas besser. Er ~ ~ einsam und verlassen.

führen (+ A)
führte
geführt

(der Führer)
(die Führung)

1. + A
Das Kind ~ den blinden Mann über die Straße.
Was für ein schreckliches Leben ~ du!
2. (intr.)
Die Straße ~ zum Bahnhof (nach Frankfurt).
„Hör auf, den Kleinen zu ärgern! Das ~ zu nichts Gutem! Das ~ zu Streit und Geschrei!“

füllen + A + mit + D
füllte
gefüllt

(die Körperfülle)
(die Schokoladenfüllung)

Wir ~ den Füller mit Tinte.
Wir ~ das Reagenzglas mit Wasser.
Die Köchin ~ eine Gans mit Kastanien.
Der Zahnarzt will meinen kranken Zahn nicht ziehen, sondern ~.

funktionieren (intr.)
funktionierte
funktioniert

(welche Funktion hat die Handbremse?)

Neue Maschinen ~ gut; alte müssen oft repariert werden.
gut / schlecht / wieder } ~

fürchten + A
fürchtete
gefürchtet

(die Furcht vor dem Tod)
(ein fürchterliches Gewitter)
(ein furchtbares Schicksal)

Er ~ weder Gefahr noch Tod.
Ich ~, er kommt nicht mehr.
Taubner dachte: „Ich brauche niemanden zu ~.“

sich fürchten vor + D

Taubner dachte: „Ich bin unschuldig. Ich brauche mich vor niemandem zu ~.“

füttern + A (+ mit + D)
fütterte
gefüttert

(das Hühnerfutter)
(das Mantelfutter)
(die Fütterung der Tiere)

Die Mutter ~ das Kleinkind mit Brei.
Womit ~ man Hühner?
Ein Kleid mit Seide ~
Einen Mantel (innen) mit Pelz ~.

gähnen (intr.)
gähnte
gegähnt
(der Saal war gähnend leer)

„Halt die Hand vor den Mund, wenn du ~!“
Abends um 10 Uhr beginnt Oma zu ~; dann geht sie ins Bett.
Im Unterricht ~ Fritz laut vor Langeweile.

garantieren
garantierte
garantiert
(die Garantie)

1. + D
Ich ~ dir, daß so etwas nicht wieder vorkommt.
2. für + A
Die Firma ~ für die Qualität ihrer Waren.

gebären + A
gebiert
gebar
geboren
(die Geburt des ersten Sohnes)
(wo bist du geboren?)
(sie heißt Karin Schulz, geborene Meyer)

Maria gebar ihren ersten Sohn. (biblische Sprache)
Sie wurde im Jahre 1941 geboren.

geben + Dp + As
gibt
gab
gegeben

~ du mir das Buch?
Er ~ ihm keine Antwort.
~ Sie bitte jedem Abschnitt eine Überschrift!

(die Gabe: 1. das Talent, die Begabung 2. das Geschenk)	jm. einen Rat ~ jm. eine Ohrfeige ~
es gibt + Nomen im A Sing. oder Pl.	Es ~ heute kein Fleisch. Es ~ heute keine Bananen. „Es ~ Momente im Leben . . ."
gebrauchen + A gebrauchte gebraucht (vergl. brauchen) (der Gebrauch des Passivs) (der Gebrauchtwagen) (gebrauchte Waren)	Wir ~ das Wort „fressen" nur, wenn wir von Tieren sprechen. Kann man eine Gabel ~, wenn man Suppe essen will? Diese Schreibmaschine ist leider kaputt, sie ist nicht mehr zu ~.
gefährden + A gefährdete gefährdet (die Gefahr) (eine gefahrlose Reise) (ein gefährliches Abenteuer) (die Versetzung ist gefährdet)	Ein betrunkener Autofahrer ~ die anderen. „Sei vorsichtig! Wenn du von diesem Felsen ins Wasser springst, ~ du dein Leben!" „Die Armut meiner Eltern ~ meine Berufspläne."
gefallen + D gefällt gefiel gefallen (jm. einen Gefallen tun) (ein gefälliger Mensch hilft allen)	Unser neues Auto ~ mir sehr. Der Ausflug hat mir ~. Ihm ~ mein Kleid nicht. Man kann nicht allen Leuten ~.
sich (D) etwas (A) gefallen lassen er läßt sich alles gefallen er ließ sich alles gefallen er hat sich alles gefallen lassen	Sein kleiner Bruder nahm ihm das Spielzeug weg und haute ihn. Aber er wehrte sich nicht. Er ~ ~ alles ~.

gegenüberstellen + A
stellte gegenüber
gegenübergestellt

(die Gegenüberstellung des Angeklagten und der Zeugin)

Er ~ die Argumente pro und contra ~ und entschied sich dann für . . .
Der Verbrecher wurde dem Zeugen ~.

gehen (intr.)
ging
ist gegangen

(der Gang)

Sie ~ von der Küche ins Wohnzimmer.
Er ~ ins Bett.
Er ~ auf einen Fenstertisch zu und setzt sich.
Das ~ nicht.

es geht + D
ging
es *ist* gegangen

„Wie ~ ~ Ihnen?" „Danke, gut, ich bin wieder gesund."

gehorchen + D
gehorchte
gehorcht

(blinder Gehorsam)
(den Gehorsam verweigern)
(gehorsame Kinder)

Ein gutes Kind ~ den Eltern und tut immer, was sie wollen.
Er fuhr sehr gut Auto. Auch in engen Kurven ~ ihm der Wagen vollkommen.

gehören + D
gehörte
gehört

„Wem ~ der Füller?" „Mir!"
„~ dir auch die Tasche?" „Nein, die ~ meinem Bruder."

gehören zu + D
gehörte zu + D
hat zu + D gehört

Sie ~ zur gleichen Division.
Das Notenheft ~ zu unserem Englischlehrer wie die Bibel zum Pfarrer.

es gelingt + D
es gelang
es *ist* gelungen

(es gelingt mir = ich kann, ich bringe es fertig)
Es ~ ihm trotz der Tabletten nicht, vor Mitternacht einzuschlafen.

gelten
gilt
galt
gegolten

1. als + N
Er ~ als ruhiger, freundlicher Mensch.
2. Das Tor ~ nicht. Der Mittelstürmer stand abseits.

(gültige Geldscheine, ungültige Geldscheine)	
genesen (intr.) genas *ist* genesen (gehobenes Schriftdeutsch, seltener gebraucht als „sich erholen")	(sich erholen) Mein Onkel ~ nur langsam von seiner schweren Krankheit.
genießen + A genoß genossen (der Genießer) (der Genuß des Weines, des Lebens . . .) (genießbare Pilze)	Alles machte ihm Freude: er ~ das Essen, das Trinken, den schönen Urlaubstag und die fröhliche Gesellschaft.
genügen genügte genügt (genug, genügend, ungenügend, genügsam)	1. „Möchtest du noch mehr wissen?" „Nein, danke, das ~ mir." (Das ist für mich genug.) 2. Ein einziger Fehler ~, und schon verursachen Sie einen Verkehrsunfall.
geraten gerät geriet *ist* geraten	Auf der Wanderung ~ wir in eine Gegend, die wir nicht kannten. Im Lauf der Diskussion ~ er in Wut. Sie ~ in Schweiß. Er ~ an einen Betrüger, der ihm im Lauf der Zeit das ganze Geld wegnahm.
geschehen (intr.) geschieht geschah *ist* geschehen	„Um wieviel Uhr ~ der Unfall?" „Um acht. Was danach ~, habe ich vergessen." Es ~ immer wieder, daß Betrunkene Auto fahren. „Was ~ mit einem Mörder?" „Er kommt ins Gefängnis, falls die Polizei ihn fängt."

gestehen (+ Dp) + A gestand gestanden (das Geständnis)	Er ~ ihr seine Liebe. Der Dieb ~ den Diebstahl. Er ~, die Uhr gestohlen zu haben.
gewinnen (+ A) gewann gewonnen (der Gewinn) (s. verdienen)	Mein Vater ~ 1000 DM im Lotto. Bayern München ~ gegen den Hamburger SV 2:1. Ich habe sein Vertrauen ~.
sich gewöhnen an + A gewöhnte sich an . . . hat sich an + A gewöhnt (die Gewöhnung an + A) (gewöhnt sein)	Der Ausländer ~ ~ schnell an das gute Klima. Ich kann mich nicht an dieses Essen ~.
gießen + A goß gegossen (die Gießkanne) (der Guß) (das Gußeisen)	Die Mutter ~ die Milch in den Topf. Es ~ in Strömen (= es regnet stark). „Wenn du die Blumen nicht ~, vertrocknen sie."
glänzen (intr.) glänzte geglänzt (der Glanz) (glänzende Zeugnisse)	Saubere Fensterscheiben ~. Er schwitzte so, daß sein Gesicht ~. Sprichwort: Es ist nicht alles Gold, was ~.
glauben glaubte geglaubt (der Glaube an + A) (gläubig – abergläubisch)	1. + D Der Lehrer ~ dem frechen Schüler nicht. 2. + A Ich ~, daß er lügt. Das ~ ich. 3. . . ., + Inf. Ich ~, nicht länger schweigen zu dürfen. 4. an + A ~ du an Gott? ~ du an seine Ehrlichkeit?

gleichen + D
glich
geglichen

(das Gleichnis)
(der Vergleich)

Er ~ seinem Vater so sehr, daß man die beiden verwechseln kann.

jm. an { Gestalt ~ / Größe ~ / Wuchs ~ }

gleiten (intr.)
glitt
ist geglitten

Der Schlitten ~ über den Schnee.

gliedern + A
gliederte
gegliedert

(das Glied) (das Mitglied)
(die Gliederung des Aufsatzes)
(ein gutgeliederter Aufsatz)

„Wie können wir den Text ~?“
„Wir können ihn in drei Teile ~.“
Unsre Schule ist in drei Abteilungen ~: in den Kindergarten, die Grundschule und das Gymnasium.

glühen (intr.)
glühte
geglüht

(die Glut)
(glühende Hitze)
(die Glühbirne)

Im Kamin ~ die Kohle noch am nächsten Morgen.
Die Kochplatte ~.
Die Gipfel der Berge ~ in der Abendsonne.

graben
gräbt
grub
gegraben

(das Grab)
(der Totengräber)
(der Grabstein)
(das Begräbnis)
(die Grube hinter dem Haus)
(die Kohlengrube)
(der Graben entlang der Straße)

1. + A
„Warum ~ ihr ein so tiefes Loch?“ „Wir suchen Wasser.“
2. nach + D.
„Aha! Ihr ~ *nach* Wasser.“
Ein Sprichwort:
Wer andern eine Grube ~, fällt selbst hinein.

gratulieren + D (zu + D)
gratulierte
gratuliert

(die Gratulation)

Ich ~ dir zum Geburtstag.

Wir ~ ihr { schriftlich / telefonisch / telegrafisch }

greifen nach + D griff gegriffen (der Griff) (in greifbarer Nähe)	Das kleine Kind ~ nach der Tasse. Sprichwort: Der Ertrinkende greift nach einem Strohhalm.
grinsen (intr.) grinste gegrinst	„Schau nur, Otto, wie der junge Mann freundlich lächelt." „Lächelt? Aber Luise! Der ~ doch nur frech!"
grübeln (intr.) grübelte gegrübelt (der Grübler) (die Grübelei)	Mein Freund ~ lange, welchen Beruf er wählen sollte. „Immer wieder ~ er darüber nach, wie er den Unfall hätte vermeiden können.
grüßen (+ A) grüßte gegrüßt (der Gruß)	Als er vorbeikam, ~ ich ihn. Mein Nachbar ist sehr unhöflich. Er ~ nie.
sich (A; gegenseitig) **grüßen**	Als wir aneinander vorbeigingen, ~ wir uns.
gründen + A gründete gegründet (die Gründung einer Firma, einer Partei, eines Sportvereins) (die Gründer der Firma)	Unsere Firma wurde schon 1875 ~. Sie besteht also schon über 100 Jahre. Herr Sedlaczek möchte eine Familie ~; aber dazu braucht er eine Frau.
gucken (intr.) guckte geguckt	Warum ~ Frau X immer aus dem Fenster? „~ mal, was ich hier hab'!"

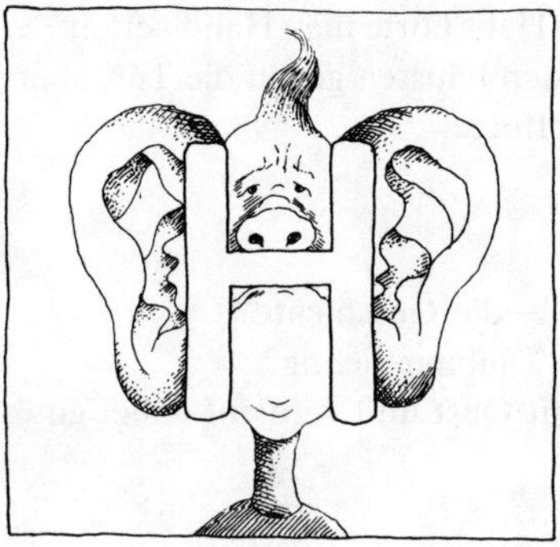

haben + A hat hatte gehabt (der Habenichts) (die Habgier)	Heute ~ wir sechs Stunden Unterricht. Ich ~ Kopfschmerzen. Ich ~ kein Geld. Ich ~ keine Zeit. Ich ~ keine Geduld.
hacken + A hackte gehackt (der Holzhacker) (das Hackbeil) (der Metzger verkauft Gehacktes)	Er ~ Holz für den Ofen. Die Henne A ~ die Henne B beim Fressen. Der Metzger ~ das Fleisch klein, bevor er es verkauft.
halten hält hielt gehalten (die Haltestelle)	1. intr. Der Zug ~. 2. + A Er ~ seinen Hut in der Hand. (den Mund halten = still sein, nichts sagen)
jn. halten für + A hält hielt gehalten	Seine Frau ~ ihn für klug. Ich ~ dich für einen Dummkopf.

hämmern (intr.)
hämmerte
gehämmert

(der Hammer)

Im ganzen Haus hörte man Handwerker ~.
Er ~ mit den Fäusten gegen die Tür, aber niemand öffnete.

handeln (intr.)
handelte
gehandelt

(die Handlung der Erzählung)
(die Obsthandlung, der Obsthandel)

1. Wovon ~ die Geschichte?
2. ~ Herr Taubner richtig?
3. Er ~ mit Obst und verdient dabei gut.

hängen + A
hängte
gehängt

Sie ~ ihr Kleid in den Schrank.
Er ~ das Bild an die Wand.

hängen (intr.)
hing
gehangen

Der Apfel ~ am Baum.
Das Bild ~ an der Wand.
Die Tochter ~ sehr an ihrer Mutter.

hassen + A
haßte
gehaßt

(der Haß auf + A
gegen + A)
(häßlich)

Er ~ mich. Er möchte mich am liebsten umbringen.

hasten (intr.)
hastete
ist gehastet

(die Hast)
(hastig arbeiten, um schnell fertig zu werden)

Wir sind zum Bahnhof ~, denn wir mußten den Zug unbedingt noch erreichen.

hauen + A
haute
gehauen

(der Hieb)

Du sollst nicht immer deinen kleinen Bruder ~.
Holz hauen (schlagen, zerkleinern)
Bäume hauen (fällen)
Stein hauen (künstlerisch bearbeiten)

heben + A hob gehoben (vergl. der Hebel, die Hebamme, der Urheber, die Hefe)	Kannst du die schwere Kiste ~? Zuerst weinte das Kind mit gesenktem Kopf. Dann ~ es den Kopf und sah mich an. Der Schüler ~ die Hand.
heilen heilte geheilt (die Heilquelle) (die Heilung) (die Tasse blieb heil) (ich war heilfroh)	1. + A (gesund machen) (*hat* geheilt) Der Arzt ~ die Krankheit. Er ~ den Onkel. 2. (intr.) (gesund werden) (*ist* geheilt) Meine Wunde ~ schnell.
heimkehren (intr.) kehrte heim *ist* heimgekehrt (die Heimkehr) (der Spätheimkehrer aus russischer Gefangenschaft)	Er ~ aus München ~. Er ist von seiner Reise nach München ~.
heiraten (+ A) heiratete geheiratet (die Heirat)	Sie liebt ihn, aber sie will ihn nicht ~. Wir ~ nächsten Sonntag. aus Liebe ~ aus Vernunftgründen ~.
heißen (intr.) hieß geheißen	Ich ~ Peter Alexander. Wie ~ denn dieses komische Ding? Wie ~ das Perfekt von „verschwinden“? d. h. = das heißt (= das bedeutet)
heizen (+ A) heizte geheizt (die Heizung) (gut- oder schlechtgeheizte Räume)	Der Ofen ~ das Zimmer. Er ~ gut. Wir ~ mit Kohle.

helfen (+ D)
hilft
half
geholfen
(die Hilfe)
(ein hilfloses Baby)
(hilfreiche Worte)

Ein Kellner ~ ihm aus dem Mantel.
Ich ~ meiner Mutter im Haushalt.
Die Arznei hat mir ~.
Das Mittel ~ gegen Kopfschmerzen.
jm. aus der Not ~.

herausbekommen + A (kein Passiv)
bekam heraus
herausbekommen

Glauben Sie auch, daß die Polizei alles ~?
Sie ~ ~, wer an dem Unfall schuld ist.
„Ich ~ noch eine Mark ~!“ (Wechselgeld)

herausfordern + A
forderte heraus
herausgefordert
(eine Herausforderung beantworten)
(herausfordernde Reden)

Tom ~ den „Neuen“ durch freche Worte ~.
„Du hast mich durch dein Benehmen ~.

herrschen (intr.)
herrschte
geherrscht
(der Herrscher)
(die Herrschaft)

In unserer Zeit ~ der Motor auf dem Land, auf dem Wasser und in der Luft.
Alexander der Große ~ über ein riesiges Reich.
Es ~ dichter Nebel, als wir losfuhren.

herstellen + A
stellte her
hergestellt
(der Hersteller)
(die Herstellung von Kerzen)
(die hergestellten Waren werden verpackt und verschickt)

„Was ~ denn diese Fabrik ~?“ „Kerzen für Weihnachten.“
Wo werden in Deutschland Autos ~?

sich (her)umdrehen (intr.)
drehte sich (her)um
hat sich (her)umgedreht

Als jemand hinter mir rief, ~ ich mich ~.
(sich umdrehen = oft nur: den Kopf umdrehen;
sich herumdrehen = den ganzen Körper herumdrehen)

herumreißen + A riß herum herumgerissen (vergl. reißen)	Als er die Frau auf der Straße sah, ~ er das Steuer ~, um sie nicht zu verletzen.
hetzen + A hetzte *ist*/haben gehetzt (die Hetze)	1. (intr.) Wir mußten ~, um den Zug noch zu erreichen. 2. + A Die Hunde haben den Hasen ~.
heulen (intr.) heulte geheult (das Geheul der Wölfe) (eine heulende Sirene)	Wenn der Mond scheint, ~ unser Hund. „Hör auf zu ~! Was ist denn los?" Der Sturm ~ ums Haus.
hindern + A (an + D) hinderte gehindert (das Hindernis)	Mein Tischnachbar spricht dauernd; er ~ mich am Arbeiten (am Aufpassen, am Schreiben . . .) Der Stacheldraht ~ die Kühe daran, die Wiese zu verlassen.
hinkommen kam hin *ist* hingekommen	1. Als ich ~, war er schon fort. 2. Wo ~ wir ~, wenn jeder machte, wozu er gerade Lust hat? (= was wäre das Ergebnis?)
hinrichten + A richtete hin hingerichtet (die Hinrichtung)	Der Verbrecher wurde um 5 Uhr morgens ~.
hinterlassen + A hinterläßt hinterließ hinterlassen	Der Unfallwagen ~ keine Bremsspuren. Der Tote ~ seine Frau und einen Sohn.

hinweisen + A (auf + A) wies hin hingewiesen (der Hinweis auf + A)	„Ich muß Sie darauf ~, daß Sie das liebe Tier nicht eine widerliche Bestie nennen dürfen.“ „Darf ich Sie auf einen Irrtum ~? Goethe lebte nicht im 14. Jahrhundert, sondern von 1749 bis 1832.“
hinzufügen + A (zu + D) fügte hinzu hinzugefügt	Sammeln Sie bitte diese Argumente und ~ Sie eigene ~!
hoffen (+ A) hoffte gehofft (die Hoffnung auf + A)	Wir wollen morgen verreisen. Ich ~, daß wir gutes Wetter haben. Ich ~ das auch. Ich ~ auf gutes Wetter.
holen (+ Dp) + A holte geholt	Ich bin so müde; ~ du mir eine Flasche Bier aus dem Kühlschrank? Ein Beamter kam und ~ meinen Führerschein; ich gab ihn gern.
horchen (intr.) horchte gehorcht	Taubner ~ voller Angst auf die Stimmen. Wer ~ denn da an der Tür?
hören + A hörte gehört (das Gehör)	Wer keine Ohren hat, kann nichts ~. „~ du den Vogel?“ „Nein, ich ~ nur Flugzeuge, Autos, Motorräder, Radiomusik und Fernsehgeräusche bei den Nachbarn.“
hupen (intr.) hupte gehupt (die Hupe)	Das Auto ~, damit die Fußgänger zur Seite gehen. Er ~ dreimal. Maria hört es, läuft aus dem Haus und setzt sich zu ihm ins Auto.
hüpfen (intr.) hüpfte gehüpft	Das Kind ~ die Treppe hinunter. Sie ~ von Stein zu Stein über den Bach, ohne naß zu werden.

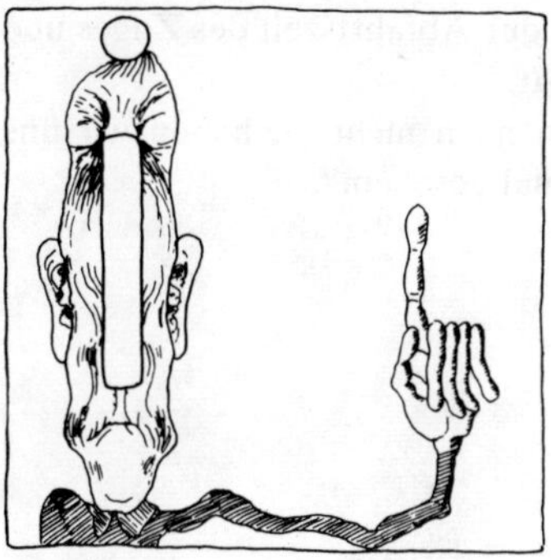

importieren + A importierte importiert (der Import von Obst, der Export von Autos)	Deutschland ~ Obst aus Südeuropa. Wir müssen die meisten Rohstoffe ~.
informieren + A (über + A) informierte informiert (die Information)	Er wußte, daß seine Nachbarn verreist waren. Trotzdem sah er jemanden in ihrer Wohnung. Da ~ er die Polizei.
sich informieren über + A informierte sich hat sich informiert	Ich lese täglich die Zeitung, denn ich möchte mich über alles, was passiert, ~.
interessieren + A (kein Passiv) (ein interessantes Gespräch)	Das ~ mich nicht. Der Lehrer strengt sich sehr an, aber er kann uns nicht für das Fach Deutsch ~.
sich interessieren für + A interessierte sich hat sich interessiert (das Interesse für + A an + D) (er ist interessiert an + D)	Ich ~ mich sehr für Geschichte und lese deshalb viele Geschichtsbücher. „Ich ~ mich für eine neue Waschmaschine. Was kosten die jetzt?"

sich irren (intr.)
irrte sich
hat sich geirrt

(der Irre)
(der Irrtum)

Er ~ ~ in der Abfahrtszeit des Zuges und kam zu spät.
„Wenn ich mich nicht ~, haben wir uns schon einmal gesehen."

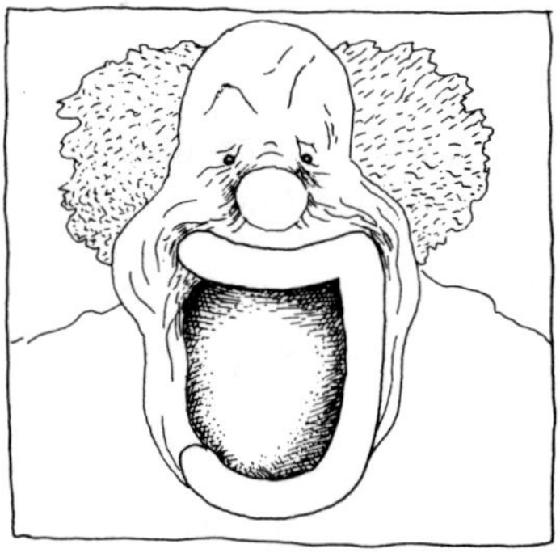

jagen
jagte
gejagt

(die Jagd auf + A)

1. (intr.: schnell fahren) (Perfekt mit „sein")
Das Auto ~ durch einige Nebenstraßen.
2. + A (ein wildes Tier verfolgen und töten) („haben")
Hast du schon mal einen Tiger ~?

jammern (intr.)
jammerte
gejammert

(der Jammer)
(das Gejammer)
(jämmerlich)

Sie ~ laut und lange, weil sie den Ausflug nicht mitmachen durfte. Da gab ihr der Vater Geld fürs Kino.

kämpfen gegen + A
kämpfte
gekämpft

(der Kampf gegen + A)
(er ist immer kampfbereit)

Soldaten ~ gegen ihre Feinde.
Wir ~ gegen die Umweltverschmutzung.
Die Gewerkschaften ~ für Lohnerhöhungen und mehr Urlaub.

kapieren + A (kein Passiv)
kapierte
kapiert

(umgangssprachlich für „verstehen")
Ich ~ die Aufgaben nicht.
Das habe ich nicht ~.
Ich ~ nicht, warum du nicht mitfahren willst.

kauen (+ A)
kaute
gekaut

(Die Kuh ist ein Wiederkäuer.)

Kaugummi soll man nicht schlucken, sondern ~.

kaufen + A
kaufte
gekauft

(der Kauf des Wagens)

Er ~ den besten Wagen, den es gibt.
Ich ~ mir morgen einen neuen Füller.

kennen + A (kein Passiv)
kannte
gekannt

(die Kenntnis der englischen Sprache)

„~ du den Bruder meiner Frau?" „Deinen Schwager? Natürlich!"
Er ist viel gereist. Er ~ alle Länder Europas.

kennenlernen + A
lernte kennen
kennengelernt

In meinem nächsten Urlaub möchte ich Griechenland ~; ich war noch nie dort.
Gestern habe ich Herrn Dr. Meyfarth auf einer Party ~.

sich (A; einander) **kennenlernen**

„Wo haben Sie ~ ~?" „Wir haben uns während des Urlaubs in den Alpen ~."

klagen
klagte
geklagt

(die Klage der Bettlerin)

Die Bettlerin ~ über ihr schweres Leben.
Er ~ über Schmerzen im Rücken.

klauen (+ A)
klaute
geklaut

(umgangssprachlich)

Fritz und Franz ~ Äpfel im Garten des Nachbarn.
Sei vorsichtig, der Kerl ~!

kleben (+ A)
klebte
geklebt

(der Klebstoff)
(der Honig ist klebrig)

Ein Arbeiter ~ ein Plakat an die Mauer.
Diese Briefmarke ~ nicht.
„Wenn du frech wirst, ~ ich dir eine!"

sich kleiden
kleidete sich
hat sich gekleidet

(das Kleid)
(die Kleidung)
(ein gutgekleideter Mann)

Mein schöner Onkel Otto ~ ~ immer nach der neuesten Mode.
~ { auffallend / elegant / geschmackvoll / schlicht / einfach } ~

klettern
kletterte
ist geklettert

Fritz ~ über einen Zaun.
Katzen können gut ~.

klingeln (intr.)
klingelte
geklingelt

(die Klingel)

Ich ~ an der Tür, und Herr Braun öffnete.
Am Anfang und am Ende der Pause ~ es.

klingen (intr.)
klang
geklungen
(der Klang der Glocken)

Frühlingslieder ~ fröhlich.
Ihre Stimme ~ traurig.
„Ich bin ein Mörder“ – das ~ pathetisch, aber so dachte ich wörtlich.

klopfen
klopfte
geklopft

1. Richtungsergänzung im A
Er ~ an das Fenster
auf das Buch
an die Tafel
2. + D + auf + A
Er ~ mir auf die Schulter.
3. Er klopfte an *der* Tür, aber niemand rief: „Herein!“

kneifen (+ A)
kniff
gekniffen
(der Kniff)

Er ~ während des Unterrichts seinen Freund ins Bein.
Die enge Hose ~.

knurren (intr.)
knurrte
geknurrt
(das Geknurre)

„Ich habe etwas Angst vor Ihrem Hund! Er beißt nicht, er bellt auch nicht, aber er ~ immer böse, wenn ich näher komme.“ (jn. anknurren)

knien (intr.)
kniete
gekniet
(das Knie)

Er ~ auf der Straße, um das Auto zu reparieren.
Er ~ vor dem König und bat um Verzeihung.

kochen
kochte
gekocht
(der Koch)
(die Küche)
(der Kochtopf)

1. + A
Mutter ~ das Essen.
Gemüse, Suppe, Kaffee, Tee ~
2. (intr.)
Wasser ~ bei 100 Grad.
Er ~ vor Wut.

kommen (intr.)
kam
ist gekommen

„Wann ~ du nach Hause?“ „Um eins.“
Leider ~ unser Lehrer immer pünktlich.

zu sich kommen
er kam zu sich
er *ist* zu sich gekommen

Er wurde ohnmächtig, dann ~ er aber bald wieder ~ ~.

das **kommt** mir / ihm / . . . vor wie . . .
. . . kam + D vor wie . . .
ist + D vorgekommen wie . . .

Der kurze Besuch ~ mir ~ wie eine Ewigkeit ~.
(= erschien mir wie . . .)

können (Modalverb) (+ A)
kann
konnte
gekonnt
(die Kunst)

Er ~ gut Auto fahren.
Er ~ das gut.
Er dachte: „Es ~ nichts passieren."

kontrollieren + A
kontrollierte
kontrolliert
(die Paßkontrolle)
(der Fahrkartenkontrolleur)

Die Beamten ~ die Pässe.
„~ Sie bitte die Richtigkeit der Antworten!"

sich konzentrieren
konzentrierte sich
hat sich konzentriert
(die Konzentration auf das Wichtigste)

Wenn ich Kopfschmerzen habe, kann ich mich nicht ~.
Kannst du dich während einer Klassenarbeit ~, wenn die anderen dem Lehrer dauernd Fragen stellen?

kosten
kostete
gekostet
(die Lebensmittelkosten)

1. „Was ~ die Eier?" „25 Pfennig das Stück."
2. + A + A
Die Scheidung von seiner Frau ~ ihn seinen halben Besitz.
Der Unfall ~ ihn das Leben.

krähen (intr.)
krähte
gekräht

Der Hahn ~ am Morgen, und alle Leute werden wach.

kratzen (+ A)
kratzte
gekratzt

(ein Kratzer auf dem neuen Tisch)

Katzen beißen und ~, wenn sie sich wehren.
Wollpullover ~ manchmal auf der Haut.

kriechen (intr.)
kroch
ist gekrochen

Die Schlange ~ auf der Erde.

kriegen + A (kein Passiv)
kriegte
gekriegt

(umgangssprachlich für „bekommen")

(der Krieg)

„Was hast du zum Geburtstag ~?"
„Schallplatten und Bücher."
„Seine Frau ~ ein Kind." „Wann?" „In zwei Monaten."
Ich ~ eine große Wut auf sie, als sie das sagte.

kritisieren (+ A)
kritisierte
kritisiert

(die Kritik an + D)
(kritisch gegenüber + D)

„Warum ~ du mich immer? Alles, was ich tue, findest du schlecht!"
Er ~ immer nur, macht aber keine Verbesserungsvorschläge.

sich kümmern um + A
kümmerte sich
hat sich gekümmert

(der Kummer)
(ein kümmerliches Ergebnis der Arbeit)

(sorgen für + A)
„Mach dir keine Sorgen! Ich ~ mich um ihn."
„Mach das mal selbst! Ich kann mich nicht um alles ~."

kürzen + A
kürzte
gekürzt

(die Kürzung der Kleider, eines Bruches)
(eine gekürzte Fassung seiner Rede)
(In der Kürze liegt die Würze)

„Die Mode hat sich geändert. Jetzt muß ich alle meine Kleider ~!"
Wie ~ man einen Bruch?
Er durfte nur 20 Minuten sprechen. Deshalb mußte er seine Rede an mehreren Stellen ~.

küssen (+ A)
küßte
geküßt
(der Kuß)

Hans ~ Anna auf die Stirn.
Er ~ gern.

lachen (intr.)
lachte
gelacht
(das Gelächter über + A)
(lächerlich)

Als sie den komischen Lehrer sah, ~ sie laut.
Sie ~ über den Lehrer. Na, so was!

lächeln (intr.)
lächelte
gelächelt
(vergl. jn. anlächeln)

Sie ~ freundlich, als sie mich sah.
Babies können schon nach wenigen Tagen ~.

laden + A + Ort im A
lädt
lud
geladen

Die Arbeiter ~ unsere Möbel in den Möbelwagen.
Er ~ mit einer Schaufel Sand auf den Lastwagen.

landen (intr.)
landete
ist gelandet

Das Flugzeug startet in Lissabon um 9^{00} Uhr und ~ in Frankfurt um 12^{00} Uhr.

lassen
läßt
ließ
gelassen
(lässig, lasch)

1. + A
Er ~ die Kinder spielen, so lange sie wollen. (Er erlaubt den Kindern . . .)
Er ~ seine Kinder arbeiten. (Er zwingt seine Kinder zu arbeiten.)
Sein Gewissen ~ ihn nicht mehr in Ruhe.
2. Dp + As
Die Firma ~ ihm seine Schwäche für saloppe Kleidung.
Laß ihm doch die Freude!

es **läßt** sich
(= läßt sich's)

Nachts ~ es ~ viel besser fahren als am Tag. (. . . kann man viel besser fahren . . .)
Mit den Händen ~ ~ ~ viel besser essen als mit Messer und Gabel.

sich **lassen**

Das ~ ~ nicht machen: das geht nicht.
Ich ~ mir einen Zahn ziehen.

laufen
läuft
lief
ist gelaufen
(der Lauf; der Läufer)

Er ~ die Straße zurück, auf der er gekommen war. –
Er ließ das Wasser so lange ~, bis die Badewanne voll war.

läuten (intr.)
läutete
geläutet
(der Laut)
(laute Musik)

Die Kirchenglocken ~ jeden Sonntag.

leben (intr.)
lebte
gelebt

(das Leben)
(die Lebenserfahrung)
(eine lebhafte Person)
(ich war vor Schreck mehr tot als lebendig)
(ein lebensgefährliches Abenteuer)

Goethe ~ von 1749 bis 1832.
Er tötete den alten Hund nicht, sondern ließ ihn ~.
bescheiden ~
herrlich ~
allein ~
getrennt ~
zusammen ~
~ Sie wohl!

legen + A
legte
gelegt

Im Unterricht (während des Unterrichts) sollte man die Beine nicht auf den Tisch ~.
Sie ~ das Baby ins Bettchen.

sich legen
legte sich
hat sich gelegt

Nach dem Essen ~ ~ der Großvater aufs Sofa und schläft.
Der Sturm hat ~ ~. Es ist jetzt fast windstill.

lehren (+ A) + A
lehrte
gelehrt

(der Lehrer)
(die Lehre)

(jn. unterrichten)
Die Lehrer ~ die Kinder das Lesen und Schreiben.
Er ~ Mathematik an der Universität.

leiden
litt
gelitten

(das Leiden an + D)
(die Leidenschaft, leidenschaftlich)

1. Wer eine schwere Krankheit hat, muß viel ~.
2. an + D
Er ~ an einer schweren Krankheit.
3. jn. gut ~ / nicht ~ können
Ich gehe nicht zu seiner Party. Ich kann ihn nicht ~.

leihen + Dp + As
lieh
geliehen

Ich ~ dir gern meinen Füller, wenn du ihn mir wiedergibst.

leisten
leistete
geleistet

(wie definiert man in der Physik Leistung?)

1. (intr.)
Er arbeitet gut; er ~ viel.
In seinem Alter kann er nicht mehr viel ~.
2. + A
„Du hast während des ganzen Jahres nichts ~, willst aber eine gute Note haben!"
gute Arbeit ~
jm. Gesellschaft ~

sich (D) leisten (+ A)
leistete sich
hat sich geleistet

„Ein Mercedes ist zu teuer für mich. Den kann ich mir nicht ~."

lenken + A
lenkte
gelenkt

Der Fahrer ~ das Auto.
Gott ~ unser Leben.
Unangenehme Gespräche ~ wir gern in eine andere Richtung.

lernen (+ A)
lernte
gelernt

„Was ~ du denn in der Schule?" „Nichts."
„Ich ~ Deutsch, weil ich in Deutschland studieren will."
Er ~ fleißig.

lesen (+ A)
liest
las
gelesen

Ich habe deinen Brief zehnmal ~!
~ bitte laut!

leuchten (intr.)
leuchtete
geleuchtet

(die Leuchte)

Die Sterne ~ am Himmel.
Die Gesichter der Kinder ~ vor Freude, als sie den Weihnachtsbaum sahen.

lieben + A
liebte
geliebt

(die Liebe)
(die liebevolle Mutter)
(der liebenswerte alte Herr)
(beliebt sein bei + D)

Ich ~ meine Eltern, meine Lehrer und mich selbst; die finde ich alle sehr sympathisch.
Ich ~ dich mehr als mich selbst.
heiß
innig
leidenschaftlich
zärtlich
} ~

liefern + A lieferte geliefert (der Lieferant liefert die Waren) (die Lieferung der Waren) (der Lieferwagen)	„Der Kaufmann ~ die Waren ins Haus, wenn Sie wollen.“ Das Gaswerk ~ Gas, das Elektrizitätswerk ~ Strom. Sein Messer ~ den Beweis dafür, daß er der Mörder war.
liegen (intr.) lag gelegen (die Liege) (das Lager) (die Lage) (ein schön gelegenes Gasthaus)	„Wo ist mein Buch?“ „Es ~ auf dem kleinen Tisch.“ Das Lokal ~ in einer Seitenstraße. „Ich mußte eine Woche ~.“ (wegen einer Krankheit)
liegen an + D lag gelegen	„Woran ~ es, daß Klaus so schlechte Noten hat?“ „Das ~ daran, daß er zu wenig lernt.“ „~ es wirklich nur an seiner Faulheit?“
mir liegt daran, + Inf. lag gelegen	(= ich möchte gern) Ihm ~ daran herauszufinden, warum er immer schlechte Noten hat.
loben + A lobte gelobt (das Lob für + A) (die lobenswerte Tat)	Der Lehrer ~ uns, weil wir immer brav und fleißig sind.
locken + A lockte gelockt (einer *Lockung* nachgeben)	Ich ~ den Hund mit einem Stück Fleisch aus seiner Hütte.

etwas lohnt sich etwas lohnte sich etwas hat sich gelohnt (der Lohn für + A) (ein lohnender Besuch im Museum)	Die Werbung hatte ~ ~, denn die Kunden kauften viel. Die Arbeit ~ ~, denn ich habe damit viel Geld verdient. Es ~ ~ nicht, in den Film zu gehen: er ist langweilig.
losfahren (intr.) fährt los fuhr los *ist* losgefahren	(= wegfahren) Ich ~ früh ~, um schnell die kritischen Strecken zu passieren.
lösen + A löste gelöst (die Lösung) (los, lose) (ungelöste Fragen) (unlösbare Fragen) (ein in Wasser unlöslicher Stoff)	1. Kannst du die Briefmarke vom Brief ~, ohne sie kaputtzumachen? 2. Zucker kann man in Wasser ~. 3. Das Problem ist zu schwer; ich kann es nicht lösen. Aufgaben ~ Rätsel ~
sich lösen löste sich hat sich gelöst	„~ ~ Zucker in Wasser?" „Ja." Er kann ~ nicht von dem Einfluß seiner Mutter ~; er gehorcht ihr in allem.
löschen + A (regelm.) (der Feuerlöscher)	Die Feuerwehr ~ das Feuer. den Durst ~
loslassen + A läßt los ließ los losgelassen	Der Vater hält sein Kind auf der Straße fest; er ~ es erst wieder ~, als er zu Hause war.
lügen (intr.) log gelogen (die Lüge) (ein verlogener Kerl)	Er ~ immer; er sagt nie die Wahrheit. Sprichwort: Wer einmal ~, dem glaubt man nicht, und wenn er auch die Wahrheit spricht.

machen + A machte gemacht	„Was ~ du da?" „Ich repariere mein Fahrrad." „Oh, Entschuldigung, jetzt habe ich deinen Füller kaputt ~!" „Das ~ nichts." „Machen Sie es uns bitte nicht schwer, Herr Taubner", sagten die Polizisten.
sich auf den Weg **machen** (= einen Spaziergang, eine Wanderung beginnen)	Was passiert, als Taubner die Garage verschließt und ~ auf den Weg ~?
„Ich **mach** mir nichts **draus**!"	= „Ich nehme das nicht so schwer; ich lasse mir dadurch die gute Laune nicht verderben!"
mahlen + A mahlte gemahlt	Der Müller ~ das Getreide in der Mühle zu Mehl. Mit meiner Kaffeemühle ~ ich nicht nur Kaffee, sondern auch Nüsse.
mahnen + A mahnte gemahnt (die Mahnung, endlich die Pfanne zurückzugeben, war vergeblich)	„Beeil' dich!" ~ mich meine Mutter morgens. Meine Mutter ~ Frau Dörfelt wegen der ausgeliehenen Bratpfanne.

malen (+ A) malte gemalt (der Maler) (die Malerei) (das Gemälde) (die Lautmalerei)	Er ~ mit (dem) Pinsel und Farbe eine schöne Landschaft. Er sitzt auf einem Stuhl und ~. ein Ölgemälde ~ ein Aquarell ~
meinen + A (kein Passiv) meinte gemeint (die Meinung über + A)	„Fritz ist komisch." „Wie ~ du das?" „Na ja, er hat immer so komische Kleider an." Ich ~, daß die heutige Jugend zu frech ist.
melden meldete gemeldet (die Meldung) (der Feuermelder)	1. (+ Nebensatz) Der Soldat ~ dem Offizier, daß er den Befehl ausgeführt habe. 2. (+ A) Er ~ der Polizei den Unfall. Das Radio ~ für die nächsten Tage schlechtes Wetter.
sich melden meldete sich hat sich gemeldet	„~ Sie ~ bitte, wenn Sie etwas sagen möchten!"
merken + A merkte gemerkt	Ich ~, daß er mich betrügen wollte. Ich ~ das. Deshalb paßte ich gut auf.
sich (D) **etwas** (A) **merken** merkte sich etwas hat sich etwas gemerkt	Ich kann mir das nicht ~; ich vergesse es immer wieder.
messen + A mißt maß gemessen (das Maß)	Wir ~ die Strecke AB. Tom und der Neue ~ ihre Kräfte. Tom war stärker.

mieten + A mietete gemietet (die Miete) (der Mieter)	Er will eine Wohnung in einem Neubau ~. Die Miete kostet 1000 DM. Wir ~ einen Leihwagen für 100 DM pro Tag.
sich mischen in + A mischte sich hat sich gemischt	Ich sage dazu nichts; ich ~ mich nicht gern ~ die Angelegenheiten anderer Leute.
mißbilligen + A mißbilligte mißbilligt (die Mißbilligung dieser Tatsache)	„Findest du es gut, Vater, daß ich meine Aufgaben immer von Fritz abschreibe? (Billigst du das?)" „Nein, mein Sohn, das ~ ich sehr, und ich werde das in Zukunft verhindern."
mißverstehen + A mißverstand mißverstanden (das Mißverständnis)	(falsch verstehen) Du hast mich ~; ich wiederhole deshalb die Frage.
mitmachen (+ A) machte mit mitgemacht	Er konnte den Ausflug nicht ~, weil er krank war. „Wir wollen Fußball spielen. ~ du ~?"
mitnehmen + A nimmt mit nahm mit mitgenommen	Ich ~ den Herrn ~ zur Polizei. „~ du mich ~ in die Stadt, Vati?" „Nein, es dauert zu lange für dich."
mitteilen (+ Dp) + As teilte mit mitgeteilt (die Mitteilung an + A, daß . . .)	1. + daß . . . Er ~ mir ~, daß er morgen um 10 Uhr ankommt. 2. Er ~ mir das ~. Er ~ mir die Zeit seiner Ankunft ~.

mögen (+ A) (kein Passiv)
mag
mochte
gemocht

(die Möglichkeit)
(wie ist das möglich?)

Ich ~ meine Suppe nicht. Ich ~ sie nicht essen.
Ich soll mitgehen, aber ich ~ nicht.
Ich ~ ihn nicht; er ist ein Angeber.

müssen (Modalverb)
muß
mußte
gemußt

„~ ich immer meine Aufgaben machen?"
„Wenn du etwas lernen willst, ~ du sie machen."
„Kinder ~ aber auch viel spielen, um gesund zu bleiben."

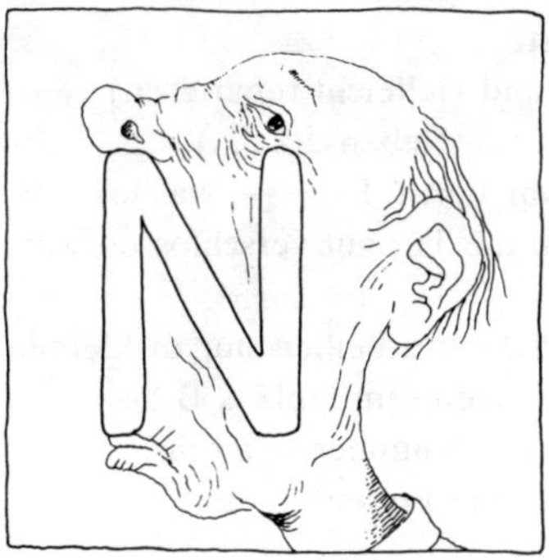

nachdenken über + A
dachte nach
nachgedacht

(er wirkt auf mich sehr nachdenklich)

Bevor ich etwas zu diesem Problem sage, möchte ich erst einmal darüber ~.
Er ~ lange über ihre Antwort ~.
„Laß mich mal kurz ~!"
Ich muß darüber länger ~.

nachgeben
gibt nach
gab nach
nachgegeben

(ein nachgiebiger Mensch)

(einen Widerstand aufgeben, endlich doch zustimmen)
Ich bat ihn lange. Schließlich ~ er ~ und erfüllte meine Bitte.

nacherzählen + A
erzählte nach
nacherzählt

(die Nacherzählung)

Oft müssen wir eine Geschichte ~, damit wir einmal zusammenhängend sprechen oder schreiben können.

nachlassen (intr.)
läßt nach
ließ nach
nachgelassen

(ein allmählich nachlassender Schmerz)

Das Flattern der Augenlider ~ ~.
Als der Autolärm ~, konnte ich den Radiosprecher wieder verstehen.
Sie ~ in ihrer Anstrengung ~.
Leistungen ~ nach.

nachsehen
sieht nach
sah nach
nachgesehen

1. + A
„Nächste Woche fahre ich in Urlaub. Würden Sie den Wagen bitte ~, damit alles in Ordnung ist?"
(= prüfen und vielleicht reparieren)
2. (‚ob . . .) (‚+ Nebensatz . . .)
Draußen war Lärm. Er ~ ~, was los war.
Er ~ ~, ob die Tür gut verschlossen war.

nagen (an + D)
nagte
genagt

(das Nagetier)

Ratten und Mäuse beißen nur in kleinen Bissen: sie nagen (am Holz z. B.).
Die Sorge, der Kummer ~ an ihr.
Das Meer ~ am Felsen.

sich nähern + D
näherte sich
hat sich genähert

Die Polizisten ~ ~ ihm.
Ich versuchte vergeblich, mich dem Künstler zu ~, er war umringt von Verehrern.

nähen (+) A
nähte
genäht

(die Nähmaschine)

Meine Mutter ~ ein Kleid für meine kleine Schwester. Vorher hat sie den Stoff dafür gekauft.
Sie ~ mit der Maschine.

necken + A
neckte
geneckt

(die Neckerei)
(eine neckische Frage)

„Laßt doch den Kleinen in Ruhe und ~ ihn nicht immer. Er wird doch immer wütend."
(Reflexiv im Sprichwort:
„Was sich liebt, das ~ sich.")

nehmen + A
nimmt
nahm
genommen

Er möchte ein neues Auto haben, aber woher soll er das Geld ~?
,,Mutti, der freche Otto ~ mir immer den Ball weg.“

neigen
neigte
geneigt

(die Neigung)

1. + A
Sie ~ den Kopf zur Seite und betrachtete das Bild genau.
2. zu + D
Ich ~ zu der Ansicht, daß man die Zeugnisse abschaffen sollte.

nennen + A (+ A)
nannte
genannt

(der Name)

,,Wie hat er seinen neuen Hund ~?“ ,,Waldi.“
Der Staatsanwalt ~ den Angeklagten einen gefährlichen Verbrecher.
,,Sie können das Tier nicht einfach eine widerliche Bestie ~!“

nicken (intr.)
nickte
genickt

Er sagte nicht laut ,,Ja!“ – aber er nickte (mit dem Kopf).

sich (+ D) etwas (A) **notieren**
notierte sich
hat sich notiert

(sich Notizen machen;
Notiz nehmen von + D;
die Zeitungsnotiz)

Er ~ ~ schnell jeden Satz, den der Lehrer vorlas.
Ich muß mir das Datum deines Geburtstags ~, denn ich vergesse es sonst wieder.

numerieren + A
numerierte
numeriert

(die Telefonnummer)
(numerierte Plätze)

Bitte ~ Sie die Beispielsätze, damit man sie leichter finden kann.

nützen + D (nutzen)
nützte
genützt

(der Nutzen des Kompasses für die Schiffahrt)
(nützlich)
(unnütz)

Viele Freunde ~ uns, viele Feinde schaden uns.
Ein lockerer Gurt hätte mir nicht viel ~.
Ich freue mich, wenn Ihnen das Buch etwas ~ kann.

nützen + A (nutzen)
nützte
genützt

Ich will die Zeit ~, um noch möglichst viel zu lernen.
Er ~ jede Gelegenheit zum Wandern.

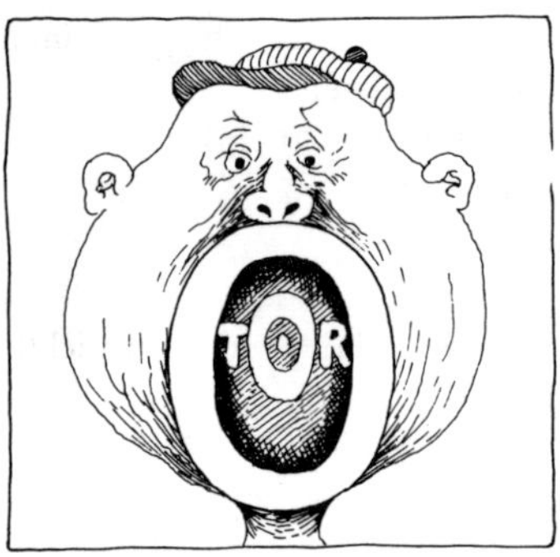

öffnen (+) A
öffnete
geöffnet

(die Öffnung)
(geöffnet von Montag bis Freitag)

Taubner ~ die Tür eines Lokals.
Seine Freundlichkeit ~ ihm überall Tür und Tor.
Dieses Restaurant ~ erst um 8^{00} Uhr abends.

ordnen + A
ordnete
geordnet

(die Ordnung)
(ein ordentlicher Mensch)

Wir ~ diese Verben nach dem Alphabet.
~ Sie bitte die Argumente und schreiben Sie eine Rede.

packken + A
packte
gepackt
(das Päckchen)
(die Packung)

Er ~ seinen Gegner und warf ihn zu Boden.
Er ~ den Koffer, weil er verreisen muß.
Das Buch hat mich sehr ~; ich habe es ganz schnell gelesen.

parken
parkte
geparkt
(der Parkplatz)
(parkende Wagen)

1. (intr.)
Der Wagen ~ an der rechten Straßenseite.
2. + A
Ich ~ den Wagen an der rechten Straßenseite und stieg aus.

passen
paßte
gepaßt
(eine passende Antwort)
(aufpassen, verpassen)

1. + D
Die Schuhe ~ mir; sie sind weder zu klein noch zu groß.
Das ~ mir nicht! (Das gefällt mir nicht.)
2. zu + D
Er trägt einen roten Hut, eine grüne Jacke und eine gelbe Hose: das ~ zu ihm, er will immer auffallen.
3. (intr.)
In die Garage ~ nur ein Auto.

passieren
passierte
ist passiert

Jeden Tag ~ viele Verkehrsunfälle.
„Ist etwas ~?" „Nein, es ist Gott sei Dank nichts ~!"

pflanzen + A pflanzte gepflanzt (die Pflanze)	„Dieser Baum ist 80 Jahre alt. Mein Großvater hat ihn ~." Bäume ~ Blumen ~ Sträucher ~ Kartoffeln ~
pflegen pflegte gepflegt	1. (sorgen für) + A Mutter ~ den kranken Großvater. 2. + Inf. (gewöhnlich tun) Er ~ nach dem Essen zu rauchen.
pflücken + A pflückte gepflückt	Als die Äpfel reif waren, ~ er sie.
pflügen (+ A) pflügte gepflügt	Der Bauer ~ das Feld mit dem Pflug. Er ~ lange.
planen + A plante geplant (der Plan) (planlos)	Wir ~ unsere Reise sehr genau. Der Verbrecher ~ einen Mord, aber die Polizei verhaftete ihn vorher.
platzen (intr.) platzte *ist* geplatzt	Es ist gefährlich, wenn ein Autoreifen während der Fahrt ~.
plaudern (intr.) plauderte geplaudert (der Plauderer) (das Geplauder)	mit + D über + A Wenn ich nichts zu tun habe, ~ ich gern mit meinem Nachbarn über dies und das.
preisen + A pries gepriesen (Lob und Preis)	Wir ~ Gott mit einem Lied.

produzieren + A
produzierte
produziert

(das Produkt aus 3 und 4 ist 12)
(Industrieprodukte)
(die Produktion von Autos)
(Erdölproduzenten)
(er arbeitet sehr produktiv)

„Was ~ das Volkswagen-Werk?“ „Autos.“

protestieren gegen + A
protestierte
protestiert

(der Protest gegen)
(die protestantische Kirche)

Der Schüler ~ gegen seine schlechte Note, aber der Lehrer änderte sie nicht.
Die Menschenmenge ~ gegen die hohen Preise und die niedrigen Löhne.

prüfen + A
prüfte
geprüft

(die Prüfung)
(der Prüfer)

Der Lehrer ~ die Schüler, weil er ihnen gerechte Noten geben will.
Sie ~ ihr Aussehen mit einem Blick in den Spiegel und war, wie immer, sehr zufrieden.

prügeln + A
prügelte
geprügelt

(du verdienst Prügel, wenn du das tust)
(die Prügelstrafe ist abgeschafft)

Tom ~ den „Neuen“, bis der um Gnade bat.

sich (gegenseitig) **prügeln**
prügelten sich
haben sich geprügelt

(das Fußballspiel endete mit einer Prügelei)

Die Jungen ~ ~.

putzen + A
putzte
geputzt

Die Putzfrau ~ die Wohnung.
Ich ~ (mir) die Nase mit einem Taschentuch.

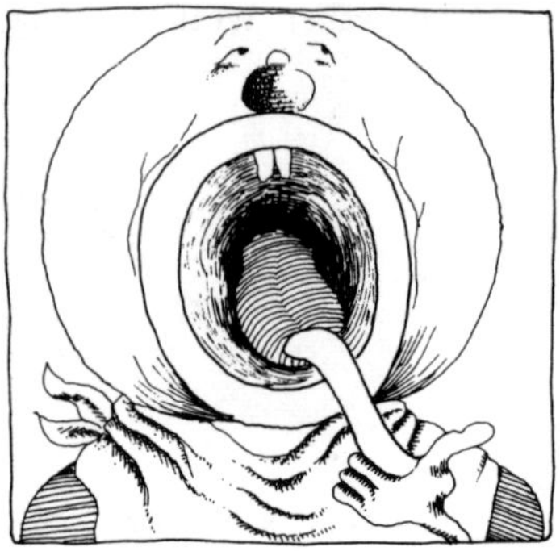

quälen + A
quälte
gequält

(die Qual)
(ein qualvoller Tod)

Böse Kinder ~ Tiere.
Dieser Gedanke ~ mich tagelang, so daß ich fast verzweifelte.
Diese Zahnschmerzen ~ mich seit Stunden.

quellen
quillt
quoll
ist gequollen

(die Quelle)

In unserem Garten ~ kaltes Wasser aus der Erde.
Blut ~ aus der Wunde.

quietschen (intr.)
quietschte
gequietscht

(einen hohen Ton von sich geben)
Die alte Tür ~; du mußt sie ölen.
Die Mädchen ~ vor Schreck.

rächen + A
rächte
gerächt
(die Rache)
(rachedurstig)

Achim schlug meinen Bruder. Ich ~ meinen Bruder und schlug Achim.
Der Indianer ~ den Mord an seinem Vater.

sich rächen an + D
rächte sich
hat sich gerächt

Ich ~ mich an jedem, der mir Unrecht tut.

rasen (intr.)
raste
gerast
(die Raserei)
(du machst mich rasend mit deinem ewigen Geschwätz)

1. sehr schnell fahren oder laufen („sein"):
Der Betrunkene ~ mit seinem Auto durch die Stadt.
Als das Erdbeben begann, ~ wir aus dem Haus.
2. schreien, toben („haben"):
Als er das hörte, hat er vor Wut ~.

sich rasieren (+ A)
rasierte sich
hat sich rasiert
(die Rasur)

Ich ~ mich mit einem elektrischen Rasierapparat.
~ sie ~ die Beine?

raten (+ Dp) (+ As) rät riet geraten (der Rat)	Ich ~ dir, mehr zu lernen. Ich ~ dir das sehr. „Wo war ich wohl?“ – „Das kann ich nicht ~.“ Du sollst nicht ~, sondern nachdenken!
rauben (Dp) + As raubte geraubt (der Räuber) (der Raub) (atemberaubende Geschwindigkeit)	Der Räuber lebt im Wald. Er ~ den Reichen alles, was sie haben. Den Glauben an die Zukunft konnte mir keiner ~.
rauchen (+ A) rauchte geraucht (der Rauch der Zigarre) (er ist ein starker Raucher)	„Danke, ich ~ nur Zigarren!“ Meine Frau ~ nicht. Der Schornstein ~.
reagieren (auf + A) reagierte reagiert (die Reaktion auf + A)	„Ich habe im letzten Moment richtig ~.“ „Wie ~ er ~ deine freche Frage?“ schnell ~ langsam ~ sofort ~ freundlich ~
rechnen rechnete gerechnet (die Rechenaufgabe) (die Rechnung des Kellners)	1. (intr.) Wir ~ in der Rechenstunde. Du mußt morgen mit Regen ~; der Wetterbericht ist schlecht. 2. + A Wir ~ schwere Aufgaben.
sich recken (intr.) reckte sich hat sich gereckt	Er stand auf und ~ ~, um zu zeigen, wie stark er war.
reden über + A redete	Er ~ stundenlang, bis die Zuhörer eingeschlafen sind.

geredet

(die Rede)
(der Redner)
(eine rednerische Begabung)

„Worüber ~ er heute?“ „Über das Leben der Tiere im Zoo.“

regeln + A
regelte
geregelt

(die Regel)

Der Polizist ~ den Verkehr.
Bevor er ins Krankenhaus ging, ~ er seine persönlichen und geschäftlichen Angelegenheiten. Mach' dir keine Sorgen; ich werde das schon ~.

regieren (+ A)
regierte
regiert

(die Regierung)

Welche Partei ~ gerade das Land?
Der König ~ (das Land) vierzig Jahre lang.

regnen (intr.)
regnete
geregnet

(es regnet)

(der Regen)
(regnerisches Wetter)

Wenn es ~, werden die Straßen naß; man muß vorsichtig fahren.

Es regnet { heftig. / fein. / stark. }

Es ~ Beifall und Blumen, als der Sieger durch die Straßen fuhr.

reiben + A
rieb
gerieben

(durch Reibung entsteht Wärme)

Sie ~ das Fenster mit einem Tuch sauber.
Er ~ sich die Hände, weil er fror.
Die neuen Schuhe ~ an den Füßen und tun weh.

reichen
reichte
gereicht

(ausreichend)

1. + Dp + As
Ich ~ dir die Hand zum Abschied.
„~ du mir bitte das Salz?“
2. es (das) reicht (+ D) (= es ist genug!)
„Hör auf zu schimpfen! Es ~ (mir jetzt)!“

reinigen + A reinigte gereinigt (Gegenteil: verunreinigen) (reiner Alkohol) (ein reines Gewissen) (die Reinigung einer Wunde) (die Reinheit ihrer Haut)	(= saubermachen) Kleider ~ eine Wunde ~ die Straße ~
reisen (intr.) reiste *ist* gereist (die Reisenden) (die Reise) (ein weitgereister Mann)	mit dem Auto ~ mit dem Flugzeug ~ mit dem Schiff ~ mit der Bahn ~ von einem Ort zum andern ~
reißen + A riß gerissen (der Riß in der alten Wand) (ein reißender Fluß)	Das sinkende Schiff ~ die Menschen mit in die Tiefe. Der Wind ~ mir die Tür aus der Hand. Der Schreck ~ ihn aus seiner leichten Trunkenheit. (Ich warte lange, aber dann ~ mir die Geduld.)
reißen (intr.) riß *ist* gerissen	Leider ~ der Film, und wir mußten warten, bis er wieder zusammengeklebt war.
sich reißen um + A riß sich hat sich gerissen	Im Sommerschlußverkauf ~ ~ die Leute um die Kleider. Die Männer ~ ~ um sie; alle wollten sie heiraten. „Den Garten umgraben? Um die Arbeit ~ ich mich nicht."
reiten (intr.) ritt *ist* geritten	Ich ~ gern auf einem wilden Pferd. langsam ~ schnell ~

(der Ritt auf einem Esel) (der Reiter) (das Reitpferd)	scharf ~ tollkühn ~ vorsichtig ~
rennen (intr.) rannte *ist* gerannt (das Autorennen) (der Rennfahrer)	(sehr schnell laufen) Als das Erdbeben begann, ~ wir aus dem Haus. Ich ~ um mein Leben, als mich der wilde Stier verfolgte.
reparieren + A reparierte repariert (die teure Reparatur des Autos)	Meine Schuhe sind kaputt. Der Schuhmacher ~ sie. Unser Auto muß so bald wie möglich ~ werden.
retten (+ Dp) + A rettete gerettet (der Retter) (die Rettung aus der Gefahr, vor dem Tod) (das rettende Ufer erreichen)	Der Arzt ~ den Kranken vor dem Tod. Der Sicherheitsgurt ~ mir das Leben. jn. { aus dem Feuer ~ / aus großer Not ~ / vor dem Ertrinken ~ }
richten + A richtete gerichtet (recht handeln) (richtig handeln) (die Richtung) (der Richter) (das Gericht)	1. (in Ordnung bringen) die Betten ~ das Fahrrad wieder ~ 2. (vorbereiten) das Essen ~ 3. (urteilen, verurteilen) Das Gericht ~ über die Angeklagten. Gott ~ uns alle. 4. Ich ~ mein Interesse auf alles, was mir Spaß macht.
sich richten richtete sich hat sich gerichtet (die Richtung) (eine richtungsweisende Idee)	1. nach + D Mein Onkel ~ ~ in allen Dingen nach der Meinung seiner Frau. 2. an + A Sie ~ ~ an ihren Onkel um Hilfe.

riechen
roch
gerochen
(der Geruch)

1. + A
Faule Eier stinken. ~ du sie?
2. es riecht nach + D
Hier ~ es nach faulen Eiern.

ringen mit + D
rang
gerungen
(der Ringkampf)
(der Ringer)

Ich möchte nicht mit dem stärksten Mann der Welt ~.
Das schwerverletzte Mädchen ~ mit dem Tode.

rodeln (intr.)
rodelte
gerodelt

(mit dem Schlitten bergab fahren)
In den Weihnachtsferien lag Schnee. Die Kinder ~ jeden Tag.

rollen + A
rollte
gerollt

Er hat das Weinfaß in
den Keller ~.

rollen (intr.)
rollte
ist gerollt
(der Roller)

Ein Rad kann allein den Berg hinunter ~.
Sie ~ und wälzten sich im Staube.

rufen (+ A)
rief
gerufen
(der Ruf)

1. Die Mutter ~ ihr Kind.
2. Die Frau neben dem Fahrer ~: „Glauben Sie ihm nicht! Er ist wieder betrunken!“

ruhen (intr.)
ruhte
geruht
(die Ruhe)
(ruhig)

Die Arbeit ~ nach 7 Uhr.
Während er den Schreibtisch aufräumte, ~ sie auf dem Sofa und hörte Musik.

rühren + A
rührte
gerührt

(vor Rührung weinen)
(gerührt sein)

1. Die Mutter ~ die dicke Suppe auf dem Herd, damit sie nicht anbrennt. – Er ist so faul, er ~ keinen Finger.
2. Die Angst des Kindes ~ ihn, und er versuchte, dem Kleinen zu helfen.

sich rühren
rührte sich
hat sich gerührt

Ein toter Hund ~ ~ nicht mehr.
„Sei nicht so faul, ~ dich ein bißchen."

rutschen (intr.)
rutschte
ist gerutscht

(der Erdrutsch,
rutschig)

Die Reifen ~ über den nassen Asphalt.
Das kleine Kind ~ auf den Knien.
Die Kinder ~ auf der Rutschbahn ins Wasser.

säen + A
säte
gesät

(die Saat)
(der Same)

Der Bauer ~ im Frühling Getreide.
Wann werden Karotten ~?
Seine Reden ~ Haß und Mißtrauen.
Sprichwort:
Wer Wind ~, wird Sturm ernten.

sagen
sagte
gesagt

(die Sage, der Ansager, die Absage, die Zusage)

Ich hielt ihn für unehrlich, und ich ~ ihm das auch.
2. zu + D
Sie ~ zu allen, die es hören wollten: „Hubert ist ein idealer Ehemann."
3. Er hat viel zu sagen = Er ist mächtig, er kann Befehle geben.

sammeln + A
sammelte
gesammelt

(die Briefmarkensammlung)

Wir ~ die Argumente und ordnen sie.
„~ du auch Briefmarken?"

saufen (+ A)
säuft
soff
gesoffen

(der Säufer)

Eine Kuh kann zehn Liter Wasser ~.
Sie trinkt nicht, sie ~.

sausen (intr.)
sauste
gesaust

1. schnell laufen oder fahren („sein")
Das Auto ~ um die Kurve; es gab fast einen Unfall.
2. lärmen toben („haben"): Der Wind hat in den Bäumen ~.

schaden (+ D)
schadete
geschadet

(einen Schaden anrichten)
(schädlich für + A)

Viele Freunde nützen uns, viele Feinde ~ uns.
Zigaretten ~ der Gesundheit.
Sprichwort:
Blinder Eifer ~ nur.

schaffen + A
schaffte
geschafft

(der Schaffner)

(= können, fertigbringen)
Ich ~ es nicht, mich mit dem Fuß hinter dem Ohr zu kitzeln.
„Du bist noch pünktlich gekommen? Wie hast du denn das ~?"

schaffen + A schuf geschaffen (der Schöpfer) (das Geschöpf) (schöpferische Tätigkeit)	(= hervorbringen) Beethoven ~ seine neunte Sinfonie um 1820. Gott ~ den Menschen.
schälen + A schälte geschält (die Schale)	Mutter ~ die Kartoffeln, bevor sie sie kocht. gekochte Eier ~ Obst ~
sich schämen vor + Dp wegen + Genitiv schämte sich hat sich geschämt (die Scham vor + D)	Peter ~ ~ vor seinem Onkel wegen seines schlechten Zeugnisses. „Du solltest dich ~!“
schätzen + A schätzte geschätzt (der Schatz)	1. Wir messen die Entfernung nicht genau, wir ~ sie nur. 2. Ich ~ ihn sehr (= Ich halte ihn für einen guten, tüchtigen Menschen)!
schauen (intr.) schaute geschaut (anschauen, anschaulich, der Zuschauer)	Er ~ den ganzen Tag aus dem Fenster. Überall, wohin man ~, sieht man Blumen im Gras.
scheinen (intr.) schien geschienen (der Schein) (der Anschein) (scheinbar; wahrscheinlich)	1. Die Sonne scheint. 2. Er scheint krank zu sein (kein Perfekt möglich): er war heute nicht in der Schule. 3. Jetzt ~ ihm das Lokal gut genug zu sein; früher hatte er es nie betreten. Die Fahrt ~ ihm risikolos zu sein (kein Perfekt möglich); aber er irrte sich.

schenken (+ Dp) + As
schenkte
geschenkt
(das Geschenk)

Was soll ich dir zum Geburtstag ~?
einer Sache Aufmerksamkeit ~
jm. keinen einzigen Blick ~
jm. oder einer Nachricht keinen Glauben ~

schicken (+ D) + A
schickte
geschickt
(das Schicksal)

Kann man Wein in einem Paket ~?
Ich ~ meinem Onkel ein Paket.
die Kinder ins Bett ~
die Kinder in die Schule ~

schieben + A
schob
geschoben
(der Schieber, das Schiebedach)

Die Frau ~ den Kinderwagen über die Straße.
Er möchte die Schuld an dem Unfall auf mich ~.

schiefgehen (intr.)
ging schief
ist schiefgegangen

Der Einbrecher wollte ein Radio stehlen. Aber die Sache ~ ~: er wurde von der Polizei gefaßt.

schießen
schoß
geschossen
(das Geschoß)
(der Schuß)

1. auf + A („haben“)
Leider ~ die Kinder auf Vögel.
2. + A („haben“)
Der Jäger ~ einen Hasen.
3. (intr.) („sein“)
Das Auto ist in hohem Tempo durch die Hauptstraße ~.

schildern + A
schilderte
geschildert
(die Schilderung des Unfalls)
(s. beschreiben)

Er ~ noch einmal seinen Unfall in allen Details.
eine Landschaft ~
einen Vorgang ~
ein Erlebnis ~

schimpfen (intr.)
schimpfte
geschimpft

Unser Lehrer ~ immer, wenn wir keine Hausaufgaben gemacht haben.
Aber das macht nichts; ~ tut nicht weh.

schlachten + A
schlachtete
geschlachtet
(der Schlachter)

Der Metzger ~ Schweine, Rinder und Schafe.

schlafen (intr.) schläft schlief geschlafen (der Schlaf) (schläfrig schauen)	„Wie hast du ~?" „Danke; sehr gut, ich bin während der ganzen Nacht nicht wach geworden." Er paßt nicht auf, er ~ viel im Unterricht.
schlagen schlägt schlug geschlagen (die Schlacht) (das Schlagwort) (das Schlagzeug) (eine schlagfertige Antwort)	1. (+ A) Der Vater ~ den frechen Otto. Er ~ mit der Hand gegen die Tür. 2. (intr.) Sie weinten, als die Abschiedsstunde ~. Unsere Küchenuhr ~ so laut, daß es die Nachbarn hören.
schleichen (intr.) schlich *ist* geschlichen	Die Diebe ~ durch den dunklen Garten zum Haus. Er ~ auf Zehenspitzen aus dem Zimmer. Schlangen ~ durch das Gras.
schleudern schleuderte geschleudert (die Schleudergefahr)	1. + A („haben") Voller Wut hat das Kind den dicken Stein gegen den Baum ~. Der andere Wagen fuhr von hinten gegen den VW und ~ ihn zur Seite. 2. (intr.) („sein") Es hatte geregnet, die Straße war glatt. Der Wagen fuhr zu schnell und ist in der Kurve ~; aber dann fuhr er wieder geradeaus weiter.
schließen schloß geschlossen (das Schloß) (der Schluß) (der Schlüssel) (schließlich)	1. + A Er ~ die Tür, das Fenster, die Augen usw. Er ~ Freundschaft mit seinem Nachbarn. Wegen einer Grippe-Epidemie wird die Schule ~. 2. (intr.) Die Geschäfte ~ um 18^{30} Uhr. Die Tür ~ nicht.

schluchzen (intr.) schluchzte geschluchzt	Ich konnte sie nicht verstehen, weil sie dauernd ~; sie war sehr traurig.
schlucken (+ A) schluckte geschluckt (ein Schluck Wasser)	Bevor du ~, mußt du die Speisen gut kauen. Kaugummi soll man kauen, nicht ~. Er ~ die Beleidigung und blieb ruhig.
schlüpfen (intr.) schlüpfte *ist* geschlüpft	Ich wollte den Fisch festhalten, aber er ~ mir aus der Hand. Vögel ~ aus dem Ei. Die Maus ~ ins Loch.
schmecken (+ D) schmeckte geschmeckt (der Geschmack der Schokolade ist gut) (er hat einen guten Geschmack) (eine wohlschmeckende Speise)	Die Schokolade ~ mir gut. Ich möchte noch mehr davon essen. Diese Arbeit ~ mir nicht. Etwas kann süß, sauer, bitter, gut, lecker, schlecht, fad, herb, salzig ~.
schmeicheln + Dp schmeichelte geschmeichelt (der Schmeichler) (die Schmeichelei)	Das Lob ~ mir, aber ich halte es nicht für ehrlich. Wer einem dummen Vorgesetzten ~, hat davon Vorteile. „Was Sie da sagen, ~ meinem Selbstbewußtsein!“
schmeißen + A (+ Ort im A) schmiß geschmissen (umgangssprachlich)	„Wer hat den Stein ins Fenster ~?“ „Ich hätte ihm sein Geld am liebsten vor die Füße ~.“
schmelzen (intr.) schmilzt schmolz *ist* geschmolzen	Schnee ~ in meiner Hand. Bei wieviel Grad ~ Eisen?

schmücken + A
schmückte
geschmückt

(der Schmuck)
(der geschmückte Weihnachtsbaum)

Die Deutschen ~ den Weihnachtsbaum sehr sorgfältig.
Anton ~ seine Aufsätze mit vielen Zitaten.

sich schmücken (mit + D)
schmückte sich
hat sich geschmückt

Die Braut ~ ~ mit Blumen.
Anton ~ ~ gern mit fremden Federn.

schneiden + A
schnitt
geschnitten

(der Schnitt)
(der Schnittpunkt)
(auf des Messers Schneide)

Er ~ mit dem Messer das Stück Kuchen in zwei Teile.
Ich lasse mir beim Frisör die Haare ~.
„Unsere Kurve ~ die x-Achse im Punkt …"

schonen + A
schonte
geschont

(die Schonung)
(eine schonende Antwort)
(schonungslos die Wahrheit sagen)

Setz' dich nicht auf das neue Sofa! Das wollen wir ~.
Sie sagten nichts von dem Unfall, um mich zu ~.
„Ihre Wäsche wird durch ein gutes Waschmittel ~."

schöpfen + A
schöpfte
geschöpft

(der Mensch ist die Krone der Schöpfung)
(eine schöpferische Phantasie haben)

1. Auf unserer anstrengenden Wanderung kamen wir an einen Bach. Ich ~ mit der hohlen Hand Wasser aus dem Bach und trank. (Luft, Atem ~)
2. Der Lehrer ~ keinen Verdacht gegen den Schüler, der die Arbeit abgeschrieben hatte.
(Hoffnung, Mut, Kraft ~)

schreiben (+ Dp) (+ As)
schrieb
geschrieben

(die Schrift)
(die Schreibung eines Wortes)
(schriftlich)

Sie ~ mir einen Brief.
Wir ~ einen Aufsatz.
Sie ~, daß sie nächste Woche kommt.
Sie ~ oft.
Man kann deutlich, leserlich, sauber, schön, liederlich, unleserlich ~.

schreien (intr.) schrie geschrien (der Schrei) (das Geschrei) (schreiendes Unrecht)	„Ich schmeiß dir gleich einen Stein an den Kopf!“ ~ Tom. Alle ~ „Halt!“, als das Kind vor das Auto rannte.
schreiten (intr.) schritt *ist* geschritten (der Schritt) (der Fortschritt)	Der König ~ feierlich in die Kirche. Die Trauernden ~ hinter dem Sarg her.
schulden + Dp + As schuldete geschuldet (die Schuld – die Unschuld) (ist er schuldig?) (sich entschuldigen)	„Du ~ mir hundert Mark; wann gibst du sie mir wieder?“ Ich ~ ihm Dank, weil er mir in einer schwierigen Lage geholfen hat.
schütteln + A schüttelte geschüttelt	Im Herbst ~ wir die reifen Pflaumen vom Baum. Er faßte ihn an die Schulter und ~ ihn. Er ~ den Kopf, und ich verstand, daß er keine Lust hatte, mit mir zu gehen.
schützen + A (vor + D) schützte geschützt (der Schutz vor Krankheiten) (eine schützende Hand)	Die Polizei ~ uns (den Bürger) vor Verbrechern. Durch Impfungen werden wir vor Krankheiten ~.
sich schützen vor + D	Wir müssen uns vor Krankheiten ~.
schwätzen (+ A) (oder schwatzen) schwätzte geschwätzt	„Im Unterricht ~ sie immer mit ihrer Nachbarin.“ „So – was redet sie denn?“ „Sie ~ wahrscheinlich dummes Zeug.“ Es ist unglaublich, was so alles ~ wird!

(das Geschwätz)
(der Schwätzer)
(eine geschwätzige Frau)
(eine schwatzhafte Schülerin)

schweben (intr.) schwebte geschwebt	Das Gespenst ~ einen halben Meter über der Erde und kam immer näher. Das Gespenst *hat* über der Erde ~(= es berührte den Boden nicht). Es *ist* dann über diese Wiese zum Wald ~. (= es legte diese Strecke zurück).
schweigen (intr.) schwieg geschwiegen (das Schweigen) (ein schweigsamer Mensch)	Katarina ~ nie. Sie redet dauernd. Nachts ~ die Wälder. Der Tote ~ für immer. Sprichwort: Reden ist Silber, Schweigen ist Gold.
schwimmen (intr.) schwamm *ist* geschwommen (er ist ein guter Schwimmer)	Peter ~ schnell wie ein Fisch. Durch die Erbschaft ~ Gunter in Geld.
schwingen schwang *ist* geschwungen (der Schwung der Jugend) (die Schwingungen des Pendels) (eine geschwungene Linie)	Die Schaukel } ~ hin und her. Das Pendel } Das Kind war schon ins Haus gelaufen, da ist die Schaukel immer noch hin und her ~.
schwitzen (intr.) schwitzte geschwitzt (der Schweiß)	Bei 35 Grad im Schatten ~ alle Leute. Manche Leute frieren bei der Arbeit und ~ beim Essen.
schwören (+ Dp) + As schwor geschworen (der Schwur)	Er ~, daß er sie immer lieben würde. Er ~ ihr ewige Liebe.

sehen (+ A) sieht sah gesehen (bei Regen hat der Fahrer schlechte Sicht) (die Sehenswürdigkeiten) (Ansicht, Aussicht, Einsicht, Vorsicht, Zuversicht)	Ich ~ durchs Fenster nach draußen. Ich ~ ihn. Ich ~ ihn zum Bahnhof laufen. Er wurde ~, als er mit einem Strumpf über dem Kopf aus dem Fenster sprang.
jm. ähnlich sehen sieht sah gesehen	Katarina ~ ihrer Mutter ähnlich. Und wem ~ du ~? „Daß du jetzt wieder keinen Mut hast, ~ dir ähnlich!"
sich sehnen nach + D sehnte sich hat sich gesehnt (die Sehnsucht)	Der Ausländer ~ ~ nach seiner Heimat. Er ~ ~ nach seiner Familie. Er ~ ~ nach Ruhe.
sein (intr.) ist war *ist* gewesen (das Wesen) (anwesend, abwesend) (eine wesentliche Hilfe)	Es ~ kurz nach 7 Uhr. Er ~ 15 Jahre alt. Was ~ er von Beruf? Er tut so, als wäre er nie jung ~. Wir ~ Freunde.
senden (+ Dp) + As sandte, sendete gesandt, gesendet (der Sender) (die Sendung)	jm. einen Brief mit der Post ~ jm. Grüße, Glückwünsche ~ (nur sendete, gesendet: der Rundfunk ~ Unterhaltungsmusik)
senken + A senkte gesenkt (sinken lassen) (vergl. senkrecht)	Als er sah, daß sie schlief, ~ er die Stimme und sprach leiser. Sie ~ den Kopf und begann zu weinen.

setzen + A setzte gesetzt (der Satz, die Übersetzung, der Vorgesetzte)	(+ Ort im A) Die Mutter ~ das kleine Kind auf einen Stuhl. ~ Sie bitte die Sätze ins Präteritum!
sich setzen setzte sich hat sich gesetzt	(+ Ort im A) Er ~ ~ auf einen Stuhl, der noch frei war. (in einen Sessel)
siegen (regelm.) (der Sieg über + A) (der Sieger des Kampfes) (die siegreiche Mannschaft)	1. (intr.) „Wir haben 3 : 2 (drei zu zwei) ~!" 2. über + A Der starke Boxer ~ über seine Gegner.
singen (+ A) sang gesungen (der Sänger) (der Gesang der Kinder)	Wir ~ ein Lied, einen Kanon. Wir ~ gern. Sopran ~ Alt ~ Tenor ~ Baß ~
sinken (intr.) sank *ist* gesunken (vergl. senken)	Eisen ~ im Wasser, Eis ~ nicht im Wasser. Seit er zu trinken begann, ist sein Ansehen in der Gesellschaft immer mehr ~.
sitzen (intr.) saß gesessen (der Sitz) (die Sitzung)	(+ Ort im D) Er ~ auf einem Stuhl. Nur wenige Gäste ~ an den Tischen. Der Mann, dem er gegenüber ~, sah ihn feindlich an.
sitzenbleiben blieb sitzen *ist* sitzengeblieben	Er hatte zu schlechte Noten, deshalb wurde er nicht versetzt: er ~ ~.

sollen (Modalverb)
sollte
gesollt

1. Ich darf nicht ins Kino gehen. Mein Vater sagt, ich ~ meinc Aufgaben machen. Ich ~ das.
2. Taubner dachte: „Soll doch kommen, wer will! Ich habe keine Angst.“

sorgen für + A
sorgte
gesorgt

(die Sorge für + A = Hilfe)
(die Sorge um + A = Kummer)
(die sorgenvolle Mutter)
(die besorgte Frage)

Eltern ~ für ihre Kinder: sie geben ihnen Nahrung und Kleidung und erziehen sie.
Der Hausherr ~ immer ~ gute Getränke.
Unser Musiklehrer ~ ~ den reibungslosen Ablauf der Feier.

spalten + A
spaltete
gespaltet

(das Fenster einen Spalt breit öffnen)
(die Felsspalte)
(die Kernspaltung)

Der Großvater ~ Holz mit einem Beil.
(*Adjektiv:*
Das Holz ist gespalt*et*.
Unsere Meinungen sind gespalt*en*.)

sparen (+ A)
sparte
gespart

(der Sparer, die Sparkasse)
(die Sparksamkeit)
(eine sparsame Hausfrau)

Ich ~ Geld für ein Fahrrad.
Mit einem vernünftigen Plan können Sie Geld und Zeit ~.
Seit gestern versuche ich zu ~.
Durch vernünftiges Fahren wird eine Menge Benzin ~.

spazierengehen
ging spazieren
ist spazierengegangen

(der Spaziergang)
(der Spaziergänger)

Ich bin mit meinem Großvater im Wald ~.

sperren + A
sperrte
gesperrt

(die Bahnsteigsperre)

Nach dem schweren Unfall ~ die Polizei für eine halbe Stunde die Straße.
Die ganze Innenstadt wurde für den Autoverkehr ~.

sich spezialisieren auf + A
spezialisierte sich
hat sich spezialisiert

(die Spezialisierung auf ein Fachgebiet)
(was ist die Spezialität dieses Restaurants?)
(das ist mein Spezialgebiet)
(spezielle Wünsche)

Viele Ärzte ~ ~.
Mein Vater ist zum Beispiel Hals-, Nasen- und Ohrenarzt.
Jeder ~ ~ auf ein bestimmtes Gebiet.
Ich würde mich gern auf Kinderheilkunde ~.

spielen
spielte
gespielt

(das Spiel) (die Spielerei)
(die Spielsachen) (das Spielzeug)
(der Fußballspieler)
(eine unnütze Spielerei)
(er lernt die Sprache spielend)

1. (intr.)
Kinder ~ gern im Sand.
Die Geschichte ~ in Südeuropa.
2. + A
Ich ~ gern Fußball (Karten).
Er ~ in dem Theaterstück einen dicken Mann.
Das ~ keine Rolle.
3. mit + D
~ du mit mir?
Die Kinder ~ mit dem Ball.

spotten über + A
spottete
gespottet

(der Spott über + A)
(sie lächelte spöttisch)

Über ernste Dinge soll man nicht ~!
Ich finde es nicht nett, daß du immer über deine Schwester ~.

sprechen
spricht
sprach
gesprochen

(die Sprache)
(das Sprichwort)
(entsprechend dem Beispiel einige Sätze bilden)

1. mit + D über + A
Der Lehrer ~ mit den Schülern über ihre Probleme.
2. + A
Kinder und Narren ~ die Wahrheit.
Christina ~ immer das Gebet vor dem Unterricht.
3. Katarina ~ immer im Unterricht; sie kann einfach nicht den Mund halten.

sprengen + A sprengte gesprengt (die Sprengung der alten Brücke) (vergl. springen)	Man konnte die Tür nicht mit dem Schlüssel öffnen; man mußte sie ~. Die Freude ~ ihm fast die Brust. Im Sommer muß man häufig den Rasen ~, weil es nicht regnet.
springen (intr.) sprang *ist* gesprungen (ein Sprung von 6 Metern) (der Springbrunnen)	Der Dieb ~ aus dem Fenster, als er mich sah. Kannst du über den Zaun ~?
spritzen (+ A) spritzte gespritzt (die Spritze)	Die Feuerwehr ~ Wasser in das brennende Haus. Das Auto fuhr auf der Landstraße ziemlich schnell. Dreck ~ hoch.
spucken (intr.) spuckte gespuckt (die Spucke)	Das freche Kind ~ aus dem Fenster auf die Leute. Bitte nicht auf den Boden ~. Das Lama ~.
spüren + A (kein Passiv) spürte gespürt (die Spur) (eine spürbare Besserung)	Ich ~, daß sie Mitleid mit mir hatten. Ich ~ das genau. Ich habe überhaupt nichts ~, als der Zahnarzt bohrte.
stammeln (+ A) stammelte gestammelt (das Gestammel)	Er war sehr verlegen. Er ~ nur einige Worte und ging dann schnell weg.
starren (intr.) starrte gestarrt (vergl. anstarren) (er schaute mich starr an)	Er war betrunken und ~ vor sich hin. Er ~ zur Tür. Sie ~ begeistert auf ihren schönen Ring.

starten (intr.) startete *ist* gestartet (der Start)	Nach dem Unfall ~ er schnell und fuhr weg. Das Flugzeug ~, wie üblich, mit Verspätung.
stattfinden (intr.) fand statt stattgefunden	An jedem Samstag ~ ein Konzert in unserer kleinen Stadt ~. Gestern ~ eine Feier zur Erinnerung an das Ende des Krieges ~.
staunen (intr.) über + A staunte gestaunt (eine erstaunliche Entwicklung) (er sah mich erstaunt an) (vergl. bestaunen)	Die Leute, die zum ersten Mal ein Auto sahen, blieben auf der Straße stehen und ~. Sie ~ über das neue Fahrzeug.
stechen (+ A) sticht stach gestochen (der Stich) (ein stechender Schmerz, Blick, Geruch) (der Stachel)	Die Mücken ~ mich im Sommer oft. Bienen ~, wenn sie sich bedroht fühlen. Es ist heute unerträglich heiß; die Sonne ~ richtig.
stecken (intr.) steckte gesteckt (der Stecker) (die Steckdose)	Plötzlich tat ihm der Fuß weh. Er sah nach und entdeckte, daß ein kleiner Nagel in seinem Fuß ~. (umgangssprachlich:) Wo ist denn Fritzchen? Wo ~ denn der kleine Kerl?
stecken + A + (Ort im A) steckte gesteckt	Nachdem er bezahlt hatte, ~ er sein Portemonnaie wieder in die Tasche. Er ~ ihr einen Ring an den Finger.

stehen (intr.) stand gestanden (der Stand) (standhafter Widerstand) (ständige Klagen)	1. Sein Auto ~ mitten auf der Straße. 2. Dieser Satz ~ auf Seite 53. In welchem Zusammenhang ~ die Fotos mit dem Bericht?
stehlen (+ A) stiehlt stahl gestohlen (die Diebstahl)	Der Dieb ~ den Schmuck und freute sich darüber. „Was wird in Kaufhäusern am häufigsten ~?“ „Elektrische Geräte.“ Er lügt und ~.
steigen (intr.) stieg *ist* gestiegen	Er ~ die Treppe hinauf. Der Luftballon ~ hoch in die Luft. Die Preise ~.
steigern + A (die Steigerung)	Wie ~ man das Adjektiv „gut“? Der Vermieter hat unsere Miete schon wieder ~.
sich steigern steigerte sich hat sich gesteigert	Mein Vater war schon böse, als er hörte, daß ich eine schlechte Note geschrieben hatte. Sein Zorn ~ ~, als ich sagte, daß ich sitzenbleiben würde. Der Wind ~ ~ zu einem Sturm.
stellen + A (+ Ort im A) stellte gestellt (die Stelle)	Der Kunde ~ eine Flasche Gin auf den Tisch. Er ~ den Besen in die Ecke.
sterben (intr.) stirbt starb *ist* gestorben (alle Menschen sind sterblich) (unsterbliche Musik)	Er ~ im Alter von 81 Jahren. Er ~ an einer schweren Krankheit. Wann ist er denn ~?

stimmen stimmte gestimmt (die Stimme) (die Stimmung) (einstimmiger, mehrstimmiger Gesang)	1. + A Bevor wir spielen, ~ wir die Instrumente. 2. (für, gegen + A) Das Parlament ~ für (gegen) den Vorschlag der Regierung. 3. Das ~! (= Das ist richtig!)
stinken (intr.) stank gestunken (der Gestank)	Faule Eier ~. Es ~ nach faulen Eiern. Eigenlob ~.
stolpern stolperte *ist* gestolpert	Er ~ über einen Stein, aber er fiel nicht hin. Er wußte fast alle Antworten; er ~ nur über eine Frage.
stören störte gestört (Entschuldigen Sie bitte die Störung!) (störende Geräusche)	1. (intr.) „~ ich? Darf ich eintreten?“ 2. + A Er ~ mich immer bei der Arbeit. Franz ~ den Unterricht; der Lehrer schimpft.
stoßen stößt stieß gestoßen (der Stoß)	1. + A (hat gestoßen) Der böse Klaus ~ seinen Freund Hans an die Wand. 2. (Ort im A) (ist gestoßen) Er ~ mit dem Kopf an die Wand.
sich stoßen stößt sich stieß sich hat sich gestoßen	„Woher hast du den blauen Fleck am Kopf?“ „Da habe ich mich ~.“
strahlen (intr.) strahlte gestrahlt (der Strahl)	Die Sonne ~ am Himmel. Ihre Augen ~ vor Freude, als ich ihr das erzählte.

streiten (intr.) stritt gestritten (der Streit) (die streitenden Parteien)	Die beiden Jungen ~ immer; sie vertragen sich leider nie. Ich meine, wir sollten über diese Frage nicht länger ~.
sich streiten mit + D (um + A) stritt sich mit + D hat sich mit + D gestritten	Er ~ ~ immer ~ seiner Schwester um die Spielsachen. Warum können sie sich nicht vertragen?
studieren (+ A) studierte studiert (der Student) (das Studium)	Helmut will an der Universität Mathematik ~. Seine Schwester ~ schon lange. Er ~ den Vertrag sehr gründlich, bevor er ihn unterschrieb.
stürzen stürzte gestürzt (der Sturz vom Pferd) (der Sturz der Regierung) (der gestürzte König)	1. (intr.: *ist* gestürzt) Sie ist vom Pferd ~ und hat sich einen Arm gebrochen. Plötzlich ~ ihr Tränen aus den Augen. 2. + A Die Kisten bitte nicht ~! eine Regierung ~ jn. ins Unglück ~
stützen + A stützte gestützt (die Stütze)	Der Baum trug so viele Äpfel, daß man einige Äste mit Stöcken ~ mußte. Der Kranke konnte noch nicht allein stehen; man mußte ihn ~. Er ~ den Kopf in die Hände.
sich stützen stützte sich hat sich gestützt	Der Kranke ~ ~ auf zwei Stöcke, wenn er gehen will.
suchen suchte gesucht (die Suche nach + D)	1. + A Ich ~ seit zwei Stunden mein Deutschbuch. Wo ist es nur? 2. nach + D Ich ~ seit zwei Stunden nach meinem Deutschbuch.

tadeln (+ A)
tadelte
getadelt

Franz ist frech. Der Lehrer ~ Franz.
Er ~ sein Verhalten.
Er lobt nie, er ~ immer nur.

(der Tadel für Franz)
(das Auto ist noch in tadellosem Zustand)

tanken (+ A)
tankte
getankt

Er ~ Benzin an der Tankstelle.
Ich muß auch bald ~.

(der Tank)

tanzen
tanzte
getanzt

1. (mit + D)
Er ~ mit ihr.
2. (+ A)
Kannst du einen Walzer ~?
(jm. auf der Nase herumtanzen: respektlos mit jm. tun, was man gerade will)

(der Tanz)
(der Tänzer, die Tänzerin)

tasten (intr.)
tastete
getastet

Es war dunkel im Zimmer; er ~ mit den Händen und merkte, daß er vor einem Schrank stand.

(die Taste)

tauchen
tauchte
getaucht

(der Taucher)
(die Taucherbrille)
(das Tauchgerät)

1. (intr.) („sein")
Es ist schön, im heißen Sommer in das kühle Wasser zu ~. Ich bin 30 m tief ~.
2. + A („haben")
Er ~ erst seinen Fuß ins Wasser, bevor er hineinsprang.

teilen + A
teilte
geteilt

(der Teil)
(die Teilung Deutschlands)
(Abteil, Vorteil, Urteil, Nachteil)

Wir ~ 10 durch 2.
Ich ~ die Tafel Schokolade in zwei gleiche Teile.
Ich teile die Schokolade mit dir.
In diesem Punkt ~ ich deine Meinung nicht.

teilnehmen an + D
nimmt teil
nahm teil
teilgenommen

(die Teilnahme an + D)

Sogar der Präsident wird an unserer Schulfeier ~.
Hast du schon einmal an einer Parteiversammlung ~?

telefonieren (intr.) + mit D
telefonierte
telefoniert

(das Telefon)

Sie ~ stundenlang mit ihrer Freundin.
Am Tag wird mehr als nachts ~.

testen + A
testete
getestet

(der Test)

~ Sie sich selbst!
Herr Bauer ~ heute nachmittag sein neues Auto.

töten (+ A)
tötete
getötet

(er war tot)
(der Tote wurde beerdigt)
(bei dem Unfall fanden zwei Menschen den Tod)
(ein tödlicher Unfall)

Du sollst nicht ~!
Bei dem Unfall wurden drei Menschen ~.
Mit seinem ständigen Nörgeln ~ er die fröhliche Stimmung.

totschlagen + A schlägt tot schlug tot totgeschlagen	Vor Wut ~ er seinen Hund ~. Ich mußte beim Zahnarzt zwei Stunden warten, und um die Zeit ~, las ich eine Illustrierte.
tragen + A trägt trug getragen (diese Verantwortung ist eine untragbare Last)	Die Mutter ~ den kleinen Roland immer auf dem Arm. ein Kleid ~ einen Hut ~ die Verantwortung tragen für + A
trauen traute getraut (die Trauung) (das Vertrauen zu + D; das Zutrauen)	1. + A Der Priester ~ die beiden. Sie verließen die Kirche als Mann und Frau. 2. + D „Ich gebe dir mein Geld nicht; ich ~ dir nicht."
sich trauen (intr.) traute sich hat sich getraut (das Selbstvertrauen)	„Wer ~ ~, vom Dach zu springen?" „Spring doch, wenn du dich ~!"
träumen (von + D) träumte geträumt (der Traum von + D) (der Träumer)	„Wovon hast du heute nacht ~?" „Von der Schule." Ich legte den Füller auf den Tisch, schaute zum Fenster hinaus und ~ vom Urlaub am Meer.
trauern um + A trauerte getrauert (die Trauer) (traurig)	Die Frau ~ um ihren toten Mann.

treffen (+ A)
trifft
traf
getroffen

(betroffen sein: unangenehm berührt)

Gestern ~ ich ihn zufällig auf der Straße.
Der Stein ~ ihn am Kopf.
Wen ~ die Schuld an dem Unglück?
Welche Maßnahmen ~ die Polizei, um so etwas in Zukunft zu verhindern?
Der Pfeil ~ ins Schwarze.

sich treffen mit + D
trifft sich
traf sich
hat sich getroffen

(das Treffen der ehemaligen Schüler)
(unser Treffpunkt ist der Bahnhof)

„Ich ~ mich mit ihm um 5 Uhr am Bahnhof. Gehst du mit?" – „Das ~ sich gut. Ich muß nämlich sowieso zum Bahnhof."

treiben + A
trieb
getrieben

(der Treibstoff)
(der Trieb)

Seine Angst ~ ihm kalten Schweiß aus den Poren.
Der Bauer ~ die Kühe in den Stall.
Was ~ du denn da? (= Was machst du denn da?)

trennen + A
trennte
getrennt

(die Trennung)

Wir ~ ein Wort am Ende einer Zeile.
Der Krieg ~ viele Familien.

treten
tritt
trat
getreten

(der Tritt)

1. + A (hat getreten)
Er ~ den Hund, weil der ihn beißen wollte.
2. (intr.) (*ist* getreten)
Wie soll ich nächste Woche wieder vor meine Patienten ~?

trinken (+ A)
trank
getrunken

(das Trinkgeld)
(das Getränk)

Taubner ~ weiter.
Er ~ noch ein Glas Cognac.
„Was ~ du am liebsten?" „Kakao."

trösten + A tröstete getröstet (tröstende Worte) (der Trost)	Die Mutter weinte, und die Kinder versuchten, sie zu ~. Daß andere Leute genauso viel Pech haben wie ich, ~ mich überhaupt nicht.
tun (+ A) tat getan (die Tat)	Was sollte er ~? Hast du das ~? Das ~ man nicht. Du ~ mir leid. Das ~gut.
turnen (intr.) turnte geturnt (der Turner) (die Turnstunde)	Ich liebe Leichtathletik und Spiele, aber ich ~ nicht gerne. Die Affen ~ im Käfig von einer Stange zur anderen.
tyrannisieren + A tyrannisierte tyrannisiert (der Tyrann)	Wenn er schlechte Laune hat, ~ er die ganze Familie. „Ich laß mich von dir nicht ~!“

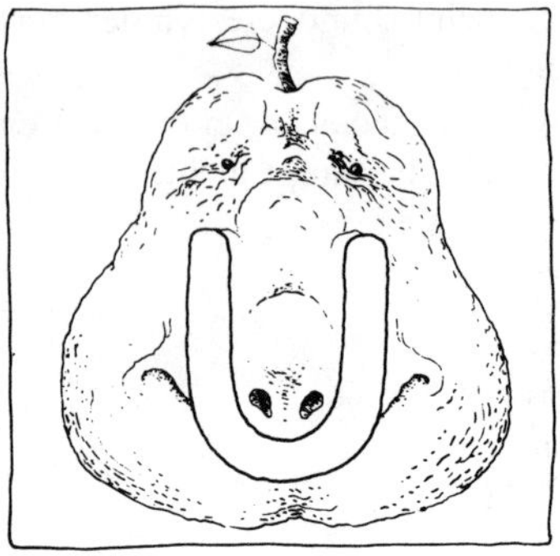

jm. etwas übelnehmen
nimmt . . . übel
nahm . . . übel
übelgenommen

(Er ist sehr übelnehmerisch.)

Meine Mutter nannte Frau Dörfelt eine Schlampe. Frau Dörfelt ~ das meiner Mutter ~ und schimpfte.

üben (+ A)
übte
geübt

(die Übung)
(auch heute kommt der Zug mit der üblichen Verspätung)

Wer gut Klavier spielen will, muß täglich ~.
Klavier ~
Geduld ~: geduldig sein
Gerechtigkeit ~: gerecht sein

überblicken + A
überblickte
überblickt

(der Überblick über + A)

Von seinem Platz konnte er das Lokal ~.
eine Gegend ~
eine Entwicklung ~
die Lage ~

überbrücken + A
überbrückte
überbrückt

Man ~ den Fluß mit einer Holzbrücke.
Ich ~ einen augenblicklichen Geldmangel dadurch, daß ich mir Geld leihe.

übereinstimmen mit + D
stimmte überein (in + D)
übereingestimmt

(die Übereinstimmung der Meinungen ist angenehm)

Ich habe immer dieselbe Meinung wie mein Bruder. Wir ~ in allem ~.
~ die Regel, die ihr gefunden habt, mit der Regel im Grammatikbuch ~?

überfallen + A überfällt überfiel überfallen (der Überfall auf eine Bank)	Die Räuber ~ den Mann auf der Straße und nahmen ihm das Geld weg. Freunde ~: Freunde ohne Ankündigung besuchen jm. mit Fragen ~: ihm viele Fragen auf einmal stellen
überholen (+ A) überholte überholt (vergl. einholen)	Der Polizist ~ den Wagen und fuhr vor ihm her. In einer Kurve darf man nicht ~.
überleben + A (kein Passiv) überlebte überlebt (der Überlebende) (die Überlebenschancen)	Der Verletzte ~ den Unfall nicht. Er starb noch am selben Abend. Obwohl mein Onkel lange Soldat war, hat er den Krieg gut ~.
überlegen (intr.) überlegte überlegt (die Überlegung) (überlegtes Handeln)	Ich ~, was ich noch tun könnte, ehe ich nach Hause mußte. Er ~ lange, welches Auto er kaufen sollte.
überprüfen + A überprüfte überprüft (die Überprüfung der Papiere)	„~ Sie bitte den Wagen! Ich fahre nächste Woche in Urlaub." Die Papiere aller Passagiere wurden ~, denn man suchte einen Verbrecher.
überqueren + A überquerte überquert (vergl. durchqueren)	Der breite Fluß wurde von den Soldaten mit Booten ~. Man sollte eine Autostraße nicht mit geschlossenen Augen ~.
überraschen + A überraschte überrascht (die Überraschung) (ein überraschender Besuch)	Der faule Moritz ~ seine Eltern mit einer guten Note in Mathematik. Beim Spaziergang ~ uns ein Gewitter. „Was du da sagst, ~ mich sehr."

überreden + A überredete überredet (die Überredung)	„Ich konnte ihn nicht ~, die Reise mitzumachen." Ich ~ ihn, mit mir ins Kino zu gehen. Ich ~ ihn zu einem Kinobesuch.
übertreiben (+ A) übertrieb übertrieben (die Übertreibung)	Er sagt, daß sein Freund jeden Tag ins Kino geht. Aber ich glaube das nicht; er ~ gern. Er ~ sein Lob so sehr, daß ich es nicht glauben konnte.
überwinden + A überwand überwunden (die Überwindung der Schwierigkeiten)	(= besiegen) Sie wäre am Abend noch einmal gern durch den dunklen Park gegangen; aber sie konnte ihre Angst nicht ~ und blieb zu Hause.
überzeugen + A von + D überzeugte überzeugt (die Überzeugung von + D) (ein überzeugter Pazifist)	Er will die Polizei von seiner Unschuld ~. Er will die Leute davon ~, daß seine Waren besonders gut sind.
sich überzeugen von + D überzeugte sich hat sich überzeugt	Er ließ mich erst gehen, nachdem er ~ davon ~ hatte, daß ich unverletzt war. Sie heiratete ihn erst, nachdem sie ~ von seinem Reichtum ~ hatte.
umarmen + A umarmte umarmt (die Umarmung)	Sie weinte und ~ mich stumm. Laß dich ~!
umbringen + A brachte um umgebracht	Der Verbrecher ~ seine beiden Gegner ~, dann verhaftete ihn die Polizei.
sich umdrehen nach + D drehte sich um hat sich umgedreht	Horst ~ ~ nach dem hübschen Mädchen ~ und pfeift hinter ihm her.

umformen + A formte um umgeformt (die Umformung der Sätze)	Wir sollen die Sätze ~: vom Aktiv ins Passiv. Durch ein elektrisches Gerät wird Gleichstrom in Wechselstrom ~.
umgehen mit + D ging um *ist* umgegangen (der Umgang mit + D)	(= behandeln) Er hatte ein wunderbares Auto, aber leider konnte er nicht richtig damit ~. Jetzt ist es kaputt.
umhaben + A (kein Passiv) hatte um umgehabt	Sie ~ wegen der Kälte einen dicken Wollschal ~.
umkehren (intr.) kehrte um *ist* umgekehrt (die Umkehr)	Ich ~ ~, als ich merkte, daß ich den falschen Weg ging. Als es zu regnen begann, sind wir ~.
umkreisen + A umkreiste umkreist (die Umkreisung der Sonne) (im Umkreis von 5 Kilometern hörte man es)	Die Erde ~ die Sonne in 365 Tagen einmal. Der Löwe ~ seine Beute.
sich (A; gegenseitig) **umkreisen** sie umkreisten sich sie haben sich umkreist	Die Jungen sahen sich böse an und ~ ~ stumm.
umziehen (intr.) zog um *ist* umgezogen (der Umzug aufs Land, in die Stadt, nach Hamburg)	Wir müssen nach Düsseldorf ~, denn mein Vater arbeitet in Zukunft dort.
sich umziehen zog sich um hat sich umgezogen	Bevor er abends seinen Chef besuchte, ~ er ~ ~, denn er wollte nicht in seinen alten Kleidern gehen.

unterbrechen + A unterbricht unterbrach unterbrochen (dankbar für jede Unterbrechung des Unterrichts)	Als ich kam, ~ er kurz seine Arbeit; aber dann arbeitete er weiter. Der Lehrer muß dauernd den Unterricht ~, weil Fritz stört. „~ mich nicht immer!“
unterdrücken + A unterdrückte unterdrückt (die Unterdrückung des Volkes)	Das Volk wird von dem Tyrannen ~. Er konnte seinen Ärger nicht mehr ~ und schimpfte laut.
unterhalten + A unterhält unterhielt unterhalten (eine unterhaltende Fernsehsendung) (ein unterhaltsamer Mensch)	Der Clown ~ das Publikum mit Späßen.
sich unterhalten mit + D, über + A unterhält sich unterhielt sich hat sich unterhalten (die Unterhaltung)	Ich ~ mich gern mit meiner Freundin über den neuesten Film. ~ { angeregt ~ / lustig ~ / gut ~ }
unterlassen + A unterläßt unterließ unterlassen (die Unterlassung) (unterlassene Hilfe)	(= nicht tun) Ich hätte protestieren können, aber ich ~ es. „~ Sie bitte diese albernen Witze!“
unternehmen + A unternimmt unternahm unternommen (der Unternehmer) (das Unternehmen)	„Was soll ich ~, damit das Tier aus meinem Auto verschwindet?“ Wir ~ eine Reise. einen Versuch ~ . . . + Inf.

sich unterscheiden von + D, durch + A
unterschied sich
hat sich unterschieden

(der Unterschied zwischen zwei Dingen)
(sie beurteilen das unterschiedlich)

Rita ~ ~ von ihrer Schwester nur durch die Haarfarbe; sie sind Zwillinge.
Wodurch ~ ~ diese beiden Berichte?

unterschreiben (+ A)
unterschrieb
unterschrieben

(die Unterschrift)

Er ~ den Brief mit seinen fünf Vornamen.
So ~ er immer.
„Was er sagt, kann ich nur ~!“ (= dem stimme ich zu)

unterstreichen + A
unterstrich
unterstrichen

~ Sie bitte die Verben!
Er ~ in seinem Brief alles, was er für wichtig hielt.

unterstützen + A
unterstützte
unterstützt

(die Unterstützung der Kriegsbeschädigten)

Der Staat ~ den jungen Künstler mit etwas Geld.
Wird die alte Witwe von ihren Verwandten ~?

untersuchen + A
untersuchte
untersucht

(die Untersuchung)

Der Arzt ~ Herrn Obermayer, findet aber keine Krankheit.
~ Sie bitte, wie die folgenden Wörter zusammengesetzt sind!

urteilen (intr.)
urteilte
geurteilt

(das Urteil gegen + Ap
über + As, Ap)

Der Richter ~ milder als der Staatsanwalt.
Man darf nicht nach dem äußeren Schein ~.
gerecht, hart, mild, unsachlich, vorschnell ~

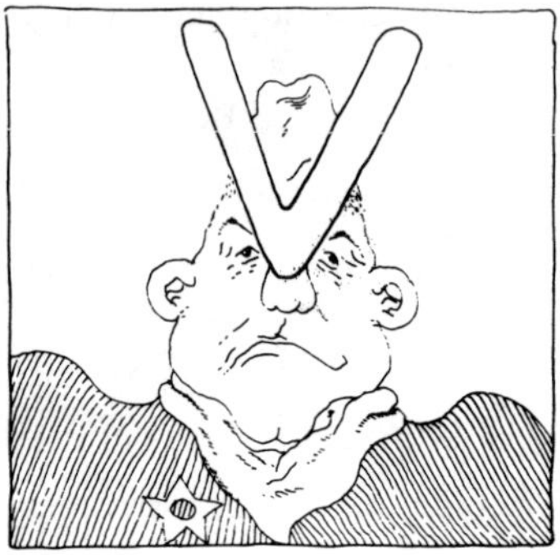

sich verabreden mit + D
verabredete sich
hat sich verabredet

(die Verabredung mit + D)
(Ich bin mit ihr um 7 Uhr verabredet.)

Gestern hat er Lieselotte kennengelernt. Er hat ~ gleich mit ihr ~: heute wollen sie sich um fünf Uhr treffen und dann ins Kino gehen.

sich verabschieden von + D
verabschiedete sich
hat sich verabschiedet

(der Abschied von den Verwandten)

Herr Braun ~ ~ von seinem Freund und ging nach Hause.

verachten + A
verachtete
verachtet

(die Verachtung)
(er sah mich verächtlich an)
(eine verachtenswerte Handlung)

Sie ~ ihn, weil er dauernd lügt.
Sie hat schon immer seine übertriebene Höflichkeit ~.
Ich ~ Menschen, die feige sind.

verändern + A
veränderte
verändert

Wie hat das Auto das Leben der Menschen ~?
Ein Wort kann den Sinn eines Satzes ~; zum Beispiel das Wort „nie“.

sich verändern veränderte sich hat sich verändert (die Veränderung) (veränderliches Wetter)	Er hat ~ sehr ~, seit ich ihn zuletzt sah; er sieht jetzt krank aus. Er hat ~ { zu seinen Gunsten ~. / zu seinem Vorteil ~. / zu seinem Nachteil ~.
veranlassen + A veranlaßte veranlaßt (Ich habe keine Veranlassung zu klagen.) (der Anlaß für eine Feier)	(dafür sorgen, daß etwas geschieht) Der Lehrer ~ die Schüler, abends zur Feier zu erscheinen. „Ihre Frage hat mich ~, über das Problem nachzudenken."
veranstalten + A veranstaltete veranstaltet (eine sportliche Veranstaltung)	In jedem Sommer ~ wir ein schönes Schulfest. In unserer Stadt wurde letztes Jahr eine große Fotoausstellung ~.
verarbeiten + A verarbeitete verarbeitet (die Verarbeitung von Leder zu Taschen)	Der Magen ~ die Speisen. Stoffe werden zu Kleidern ~. Ich habe die vielen aufregenden Erlebnisse meiner Reise immer noch nicht ~.
verbergen + A verbirgt verbarg verborgen (die Verborgenheit)	Ich versuchte nicht, meine Tränen zu ~. die Erregung ~ die Wut ~ die Gedanken ~ das Gesicht ~
sich verbergen (vor + D) verbirgt sich verbarg sich hat sich verborgen	Der Dieb ~ ~ vor der Polizei hinter einem Busch.
verbessern + A verbesserte verbessert (die Verbesserung)	Ich muß meine Arbeit ~. Sie ist arm. Wie können wir ihre Lage ~? Gestern wurde der Weltrekord im Hochsprung ~.

verbieten (+ Dp) + A verbot verboten (das strenge Verbot) (Rauchen verboten!)	Mein Vater ~ mir das Rauchen. Er ~ mir, Zigaretten zu rauchen. Mir ist das Rauchen vom Arzt ~ worden.
verbinden (+ A) verband verbunden (der Verband um den Finger) (die Verbindung zweier Wörter zu einem neuen)	Ich schnitt mich mit dem Messer in den Finger; dann ~ ich den Finger. Eine Straße ~ diese beiden Orte. Mit diesen Leuten ~ uns eine jahrelange Freundschaft. Mit dem Wort Arbeit ~ ich nur unangenehme Vorstellungen. Am Telefon: „Wen möchten Sie sprechen?“ „Herrn Direktor Meyer.“ „Einen Moment! Ich ~.“
verblüffen + A verblüffte verblüfft (die Verblüffung des Lehrers) (er war verblüfft)	Der Schüler ~ den Lehrer durch seine überraschende Antwort.
verbreiten + A verbreitete verbreitet	Das Radio ~ die Nachricht, ein Krieg sei ausgebrochen. Die Nachricht wurde auch durch das Fernsehen ~.
verbrennen verbrannte verbrannt (das Haus brennt; der Brand des Hauses; der Brennpunkt einer optischen Linse)	1. (intr.) Meine Bücher ~, als der Blitz in unser Haus einschlug. 2. + A Am Ende des Schuljahrs ~ ich meine Hefte. – Mein Vater ~ im Herbst das trockene Laub.
verbringen + A (Urlaub, Zeit) verbrachte verbracht	Er ~ seinen Urlaub an einem See im Gebirge. Wir ~ dort eine schöne Zeit.

verdauen + A verdaute verdaut (die Verdauung) (schwer verdauliche/verdaubare Speisen) (unverdauliche Speisereste)	Milch ~ der Magen leichter als Käse. Milch wird leichter als Käse ~. Nach dem Essen darf man nicht gleich schwimmen; der Körper muß das Essen erst ~.
verderben verdirbt verdarb verdorben (verderbliche Ware) (verdorbene Ware wegwerfen)	1. (intr.: *ist* verdorben) Obst ~ leicht. 2. (+ A: *hat* verdorben) Salz ~ den Geschmack des Tees. Ich habe mir den Magen ~.
verdienen + A verdiente verdient (der Verdienst: Leistung) (ein verdienstvoller Politiker) (der Verdienst: Geld) (schwerverdientes Geld) (s. gewinnen!)	Jede Frau bekommt den Mann, den sie ~. „Wieviel ~ du im Monat?" „3000 DM." So ein Pech hat er nicht ~! Ich glaube, er ~ unser Vertrauen.
vereinfachen + A vereinfachte vereinfacht (die Vereinfachung des Textes durch den Lehrer) (eine vereinfachte Darstellung)	Der Lehrer mußte den Text ~, weil er sonst zu schwer für uns war. „Er hat ein Auto? Gut, das ~ den Ausflug für uns."
vereinigen + A vereinigte vereinigt (die Vereinigung)	Man ~ verschiedene Staaten zu den Vereinigten Staaten von Amerika.

verfallen verfällt verfiel *ist* verfallen (der Verfall) (eine verfallene Burg)	1. + D Leider ~ er immer mehr dem Alkohol; er ist nur noch selten nüchtern. 2. (intr.) Seit niemand mehr dort wohnt, ~ die Burg immer mehr.
verfolgen + A verfolgte verfolgt (vergl. folgen) (die Verfolgung) (der Verfolger; der Verfolgte)	Die Polizei ~ den Dieb, der nur ein Fahrrad hat. Er möchte Pianist werden. Seit Jahren ~ er dieses Ziel.
vergehen (intr.) verging *ist* vergangen (die Vergänglichkeit des Lebens) (das Leben ist vergänglich) (im vergangenen Jahr)	Die Zeit ~ schnell; bald seid ihr erwachsen. Es ~ kaum ein Tag, an dem sie mich nicht anruft. „Mir ~ der Appetit, wenn ich das sehe!“
vergessen + A vergißt vergaß vergessen (die Vergeßlichkeit der alten Leute) (er ist sehr vergeßlich)	Ich habe meine Hausaufgaben ~. Ich habe ~, meine Hausaufgaben zu machen. Über einem guten Essen ~ ich alle Sorgen.
vergleichen + A + mit + D verglich verglichen (der Vergleich mit + D) (im Vergleich zu + D mit + D) (zwei vergleichbare Dinge)	Ich ~ mein Zeugnis mit dem Zeugnis meines Bruders: unsere Noten sind ungefähr gleich schlecht. Wir ~ Gegenstände, Personen miteinander.

verhaften + A verhaftete verhaftet (die Verhaftung) (der Verhaftete)	Die Polizei ~ den Dieb und brachte ihn ins Gefängnis. Ich träumte heute nacht, ich sei ~ worden.
sich verhalten verhält sich verhielt sich hat sich verhalten (das Verhalten des Herrn X) (das Verhältnis zwischen zwei Dingen, zwei Personen)	„Wie ~ man ~ bei einem Erdbeben?" „Ruhig bleiben, das Haus verlassen!" Wie ~ ~ die Zahl 3 zur Zahl 12? (gegenüber + D) „Wie ~ er ~ gegenüber seiner Schwester?" „Er war sehr unfreundlich zu ihr."
verhandeln mit + D, über + A verhandelte verhandelt (die Verhandlung der Politiker über einen Vertrag)	Er ~ mit den anderen Kaufleuten über den Kauf von Zinn. Die Politiker ~ über einen Friedensvertrag.
verhauen + A verhaute verhauen	Der Großvater wird wütend, nimmt einen Stock und will den Jungen ~. Tom ~ den Neuen, bis der rief: „Aufhören!"
sich (A; gegenseitig) **verhauen** sie verhauten sich sie haben sich verhauen	Die beiden Jungen ~ ~, als sie sich zum ersten Mal begegneten.
verhindern + A verhinderte verhindert (die Verhinderung von Unfällen)	Ich sah, daß er falsch fuhr, aber ich konnte das Unglück leider auch nicht ~.
verhören + A verhörte verhört (das Verhör des Gefangenen) (der Verhörte)	Die Polizei ~ ihn nach dem Unfall; dabei gab er seine Schuld zu.

verhungern (intr.)
verhungerte
ist verhungert

(vergl. hungern = Hunger haben)

„Woran ist er gestorben?" „Er hatte nichts mehr zu essen und ist ~."

verkaufen + A
verkaufte
verkauft

(der Verkauf der Ware)
(der Schmuck meiner Mutter ist für mich nicht verkäuflich)

Der Kaufmann ~ Waren.

etwas { billig ~ / teuer ~ / preiswert ~ }

verlangen + A
verlangte
verlangt

(das Verlangen nach + A)

Das Autofahren ~ viel Konzentration.
Er ~ von mir, ich sollte zwei Stunden länger arbeiten.

verlassen + A
verläßt
verließ
verlassen

(eine tote, verlassene Stadt)

Als das Erdbeben begann, ~ die Leute schnell ihre Häuser.
Er ~ die Garage und ging auf die Straße.
Seine Frau will ihn ~.

sich verlassen auf + A
verläßt sich
verließ sich
hat sich auf . . . verlassen

(der Verlaß auf + A)

Ich ~ mich ~ meinen Vater: der sagt immer die Wahrheit und macht alles, was er verspricht.
Kann man ~ auf ihn ~?

verlaufen
verläuft
verlief
ist verlaufen

(der Verlauf der Feier)
(im Verlauf des Kampfes . . .)

„Wollen Sie wissen, wie unsere Reise ~ ist? – Wir fuhren zuerst nach München, dann . . ."
„Wie ~ das Fest?" „Gut! Alle waren zufrieden."
Der Weg ~ in vielen Kurven am Fluß entlang.

verleihen + A verlieh verliehen (der Filmverleih, der Kostümverleih) (die Verleihung eines Ordens, eines Preises) (vergl. leihen)	„Würdest du dein Auto ~?“ „Nur wenn man mir dafür etwas Geld gibt.“ Er ist erst siebzehn, aber der Bart ~ ihm das Aussehen eines erwachsenen Mannes. Er ~ seiner Rede Nachdruck, indem er mit beiden Händen gestikulierte.
verletzen + A verletzte verletzt (die Verletzung war nicht schwer) (die Verletzung der Menschenrechte) (eine verletzende Äußerung)	Bei dem Unfall ~ er die Frau. Die Frau wurde ~. Der Spott der Klassenkameraden ~ den Jungen.
sich verletzen verletzte sich hat sich verletzt	Sie ~ ~ mit dem Messer beim Kartoffelschälen.
sich verlieben in + A verliebte sich hat sich verliebt	Hans ~ ~ in die freundliche Helga, aber sie will nichts von ihm wissen.
verlieren + A verlor verloren (der Verlust des Geldes) (der Verlust an Vermögen = eines Teils des Vermögens) (eine Verlustmeldung) (der verlorene Groschen) (die verlorene Ehre)	Ich habe mein Portemonnaie ~. Er ~ viel Zeit bei seinem letzten Kunden. die Geduld ~ die Beherrschung ~ jn. aus den Augen ~ ein Spiel ~

sich verloben
verlobte sich
hat sich verlobt

(mein Verlobter, meine Verlobte)
(die Verlobung)
(sie ist verlobt mit + D)

Gestern haben ~ Otto und Emma ~.
In einem Jahr wollen sie heiraten.

vermehren + A
vermehrte
vermehrt

(die vermehrte Anstrengung)

(mehr machen; vergrößern)
Wie kann ich mein Geld ~?
Wie kann ich mein Vermögen ~?

sich vermehren (intr.)
vermehrte sich
hat sich vermehrt

(die Vermehrung der Kaninchen)

Kaninchen ~ ~ schnell.
Unser Familienkapital ~ ~ durch Erbschaften.

vermeiden + A
vermied
vermieden

(ein unvermeidliches Risiko)
(ein unvermeidlicher Verlust)

Er ~ es, mir in die Augen zu sehen. Er schaut immer woanders hin.
Ich ~ gern jeden bösen Streit.

vermissen + A
vermißte
vermißt

(ein vermißter Soldat)

(= bemerken, daß etwas oder jemand fehlt)
„Ich ~ seit gestern meinen neuen Füller. Hast du ihn gesehen?"
„Warum warst du nicht bei dem Fest? Wir haben dich ~."

vermuten + A
vermutete
vermutet

(Das ist nur eine Vermutung.)
(Vermutlich kommt er heute noch.)

„Ich ~, daß er heute noch kommt; ich weiß es nicht, ich ~ es nur."
Ich wußte nicht, daß du in Hamburg warst; ich habe dich in Berlin ~."

vernichten + A
vernichtete
vernichtet

(die Vernichtung der schädlichen Insekten)
(ein vernichtendes Urteil)
(nicht, nichts)

Ein schweres Gewitter ~ die Ernte.
Bevor die Polizei kam, ~ er seine Dokumente und Briefe.

verpassen + A
verpaßte
verpaßt

(eine verpaßte Gelegenheit)

Weil er zu spät von zu Hause fortging, ~ er den Zug.

sich verpflichten
verpflichtete sich
hat sich verpflichtet

(die Verpflichtung)
(die Pflicht)

1. (+ Inf.)
„Ich ~ mich, dir während der Mathematikarbeit zu helfen, wenn du mich Englisch abschreiben läßt."
2. zu + D
Ich ~ mich zu freiwilliger Arbeit.
Ich ~ mich dazu.

verprügeln + A
verprügelte
verprügelt

(die Prügelstrafe)

Tom wollte den fremden Jungen mit einem Stock ~, aber der war auch nicht schwach.

verraten + A
verrät
verriet
verraten

(der Verrat des Geheimnisses)
(der Verrat an seinen Landsleuten)
(der Verräter)

Ein Spion ~ Geheimnisse an den Feind.
Alle hatten ihn ~.
Sein Gesicht ~ seinen Schrecken.

verringern + A
verringerte
verringert

(die Verringerung des Tempos)
(die verringerte Anstrengung)

Leider hatte er sein Tempo vor der Kurve nicht ~.
Wir ~ die Zahl x um 12 und erhalten 13. Wie groß ist x?

sich versammeln (intr.)
versammelten sich
haben sich versammelt

(die Versammlung)
(der Versammlungsraum)

Die Schüler ~ ~ in der Aula zu einer Schulfeier.
Wir ~ uns um unseren Klassenlehrer und beginnen dann die Wanderung.

versäumen + A
versäumte
hat versäumt

(die/das Versäumnis)

Er mußte zum Zahnarzt. Dadurch ~ er drei Unterrichtsstunden.
Er ~ es nicht, dem Gastgeber zu danken.

sich (D) verschaffen + A (kein Passiv)
verschaffte sich
hat sich verschafft

Der Redner ~ ~ Ruhe, indem er die Störenfriede bat, den Saal zu verlassen.
„Wie kann ich mir Geld ~? Arbeiten will ich nicht."

verschlechtern + A
verschlechterte
verschlechtert

(die Verschlechterung seines Gesundheitszustandes)
(die verschlechterten Lebensbedingungen)

Regen und Dunkelheit ~ die Sicht.
Der Krieg ~ die Lebensbedingungen in Europa erheblich.
Das Fieber ~ den Zustand des Kranken.

verschließen + A
verschloß
verschlossen

(der Reißverschluß)

Schnell ~ er die Garagentür und ging weg.
(eine Tür schließen = zumachen; eine Tür verschließen = mit dem Schlüssel abschließen)

verschwinden (intr.)
verschwand
ist verschwunden

Der Wagen ~ im Gewühl der City.
Das Gespenst ~ im Nebel.

versichern
versicherte
versichert

(sicher)

1. + D
„Ich ~ Ihnen, daß ich die Aufgaben allein gemacht habe."
2. + A
Die Versicherung ~ uns gegen Schäden.

sich versöhnen (mit + D) versöhnte sich hat sich versöhnt (versöhnliche Worte finden) (die Versöhnung mit dem Feind)	Zuerst stritten sie, aber dann ~ sie ~ und wurden gute Freunde.
sich verspäten (intr.) verspätete sich hat sich verspätet (die Verspätung) (ein verspäteter Zug)	Sie ~ ~ jeden Morgen und kommt nie pünktlich.
verspotten + A verspottete verspottet	(jn. auslachen; boshaft lachen über + A) Leider ~ die Kinder den kleinen Franz oft, wei er Angst vor Wasser hat.
versprechen (+ Dp) + As (kein Passiv) verspricht versprach versprochen (jm. ein Versprechen geben)	Bevor er verreiste, mußte er seiner Mutter ~, immer vorsichtig zu sein. Er mußte ihr das ~. Er versprach (uns) schnelle Hilfe. , sofort zu helfen. , daß er sofort helfen werde. , er werde sofort helfen.
sich versprechen verspricht sich versprach sich hat sich versprochen	Während er redete, ~ er ~ dauernd. Er sagte zum Beispiel „Herr Müllner" statt „Herr Müller" und „Umfall" statt „Unfall".
verstärken + A verstärkte verstärkt (der Verstärker von elektromagnetischen Wellen)	Wir müssen die Hausmauern ~, damit sie beim Erdbeben halten. Die Gegner ~ ihre Angriffe.
verstecken + A versteckte versteckt (ein Versteck für mein Geld)	Wo kann ich mein Geld so gut ~, daß es niemand findet?

sich verstecken (intr.) versteckte sich hat sich versteckt (das Versteck des Diebes)	Als die Polizei kam, ~ ~ der Dieb unter dem Sofa.
verstehen (+ A) verstand verstanden (das Verständnis für + A) (der Verstand) (Seine Wut ist verständlich.) (unverständliche Worte)	Ich ~ nicht, was er sagt. Ich ~ ihn nicht. ~ du diese Aufgabe? Ich ~ nicht viel von Malerei. Wir ~ unter Freiheit folgendes ... Ich ~ nicht, wie du so etwas tun konntest.
versuchen + A versuchte versucht (der vergebliche/erfolgreiche Versuch) (das Versuchskaninchen) (versuchter Mord)	Sie ~, ihn zu beruhigen, aber ohne Erfolg. Sie ~ es, aber ohne Erfolg. „~ Sie doch einmal diesen Kuchen; ich habe ihn selbst gebacken!"
verteidigen + A verteidigte verteidigt (die Verteidigung des Angeklagten) (der Verteidiger) (die verteidigenswerte Freiheit)	Der Rechtsanwalt ~ den Angeklagten vor Gericht. ein Land ~ eine Ansicht ~ eine Meinung ~ die Freiheit ~
sich verteidigen verteidigte sich hat sich verteidigt (die Verteidigung)	Der Angeklagte ~ ~ gegen die Vorwürfe des Staatsanwalts.
verteilen + A verteilte verteilt (die Preisverteilung) (mit verteilten Rollen lesen)	Nach dem Sportfest ~ der Lehrer die Preise an die Sieger. „Heute haben wir die Rollen für unser Theaterstück ~". Die Mutter ~ den Zucker gleichmäßig über den Kuchen.

vertragen + A
verträgt
vertrug
vertragen

Ich kann die Hitze nicht gut ~, deshalb gehe ich in den Schatten.
Er kann keinen Spaß ~ und wird immer gleich ärgerlich.

sich vertragen mit + D
verträgt sich
vertrug sich
hat sich vertragen

(der schriftliche Vertrag zwischen zwei Staaten)
(ein verträglicher Mensch)

Ich ~ mich gut mit meinem Bruder, wir streiten uns selten.
„Was du da sagst, ~ ~ nicht mit deinen sonstigen Ansichten."

vertreiben + A
vertrieb
vertrieben

(der Zeitvertreib)
(der Vertriebene)

Der Hund sieht gefährlich aus; ich habe Angst, ihn aus meinem Garten zu ~.
(sich (D) die Zeit mit Spielen vertreiben)

verüben + A
verübte
verübt

Die Polizei bekam nicht heraus, wer den Mord an dem Politiker ~ hatte.

verunglücken (intr.)
verunglückte
ist verunglückt

(das Unglück)
(unglücklich sein)

Der Lastwagen ~ auf der Autobahn. Es gab viele Verletzte.
Er ~ mit seinem Lastwagen auf der Autobahn.

verursachen + A
verursachte
verursacht

(die Ursache für + A
die Ursache des . . .)

Betrunkene Autofahrer ~ oft Verkehrsunfälle.
Starke Regenfälle ~ manchmal großen Schaden.

verurteilen + A + (zu + D) verurteilte verurteilt (die Verurteilung des Angeklagten) (der Verurteilte)	Der Richter ~ den Angeklagten zu einem Jahr Gefängnis. Meine Eltern haben es schon immer ~, daß ich so viel rauche.
vervollständigen + A vervollständigte vervollständigt (die Vervollständigung des Satzes)	Lehrer: „Wer kann den folgenden Satz ~: Das Buch liegt auf . . . Tisch?" Schüler: „Das Buch liegt auf dem Tisch."
verwandeln + A (in + A) verwandelte verwandelt (die Verwandlung des Königs)	Die böse Hexe ~ den König in einen häßlichen Zwerg. ~ Sie bitte diesen Aktiv-Satz in einen Passiv-Satz!
sich verwandeln (in + A) verwandelte sich hat sich verwandelt (eine verwandelte Situation)	Plötzlich ~ ~ der König in einen häßlichen Zwerg. Die Bewunderung ~ ~ in Mitleid und Spott.
verwechseln + A + (mit + D) verwechselte verwechselt (die Verwechslung)	Ich ~ ihn immer mit seinem Bruder; sie sehen sich so ähnlich.
verwenden + A (zu + D) verwendete verwendet (die Verwendung von Chlor)	Man ~ eine Zahnbürste nur zum Zähneputzen.
verwirklichen + A verwirklichte verwirklicht (die Wirklichkeit) (wirklich)	Als er genug Geld hatte, ~ Kolumbus seinen Plan und fuhr nach Westen.

verwirren + A
verwirrte
verwirrt
(die Verwirrung)

Der Lehrer ~ die Schüler, indem er drei Fragen auf einmal stellte; jetzt wußten sie nicht, auf welche Frage sie zuerst antworten sollten.
Ihre überraschende Antwort ~ ihn.

verwunden + A
verwundete
verwundet
(die Wunde)

Er ~ seinen Gegner mit einem Messer.
Seine Ironie ~ sie.

verzehren + A
verzehrte
verzehrt

(= essen oder trinken)
Wenn du in ein Restaurant gehst, mußt du etwas ~.
Er ~ in aller Ruhe sein Brot, legte sich hin und schlief.

verzeichnen + A
verzeichnete
verzeichnet
(das Verzeichnis der Verben ist hinten)

Alle Verben aus den Texten sind hinten im Buch ~; da ist eine Liste der Verben.

verzeihen + D
verzieh
verziehen
(die Verzeihung)
(ein verzeihlicher Fehler)
(eine unverzeihliche Frechheit)

1. + D, daß . . .
Kannst du mir ~, daß ich deinen Füller gestohlen habe?
2. + D + A
Ich ~ dir den Diebstahl, wenn du mir den Füller zurückgibst.

verzichten (auf + A)
verzichtete
verzichtet
(der Verzicht auf Schlaf, Geld . . .)
(ein schwerer, schmerzlicher Verzicht)

Du mußt mir helfen; ich kann nicht auf deine Hilfe ~.
Ich ~ lieber auf ein Abendessen als auf Schlaf.

vollenden + A vollendete vollendet (die Vollendung) (jn. vor vollendete Tatsachen stellen)	Der Maler ~ sein Bild mit 80 Jahren. ein Werk ~ eine Arbeit ~ einen Satz ~
vorbereiten + A bereitete vor vorbereitet (die Vorbereitung des Ausflugs)	Die Mutter ~ den Ausflug ~: sie packt Speisen und Getränke in einen Korb. Der Kranke wurde durch Spritzen und Tabletten für die Operation ~.
sich vorbereiten auf + A bereitete sich vor hat sich vorbereitet (die Vorbereitung auf + A) (ein vorbereiteter Angriff)	„Wie ~ du dich auf die Prüfung ~?" „Ich lerne jeden Tag zwei Stunden."
vorhaben + A (kein Passiv) hat vor hatte vor vorgehabt	„Du packst deinen Koffer und ziehst dich gut an. Was ~ du denn ~?" „Ich will verreisen."
vorkommen (intr.) (es) kam vor (es) *ist* vorgekommen (das Vorkommen des Urans) (ein Vorkommnis = ein Ereignis)	1. „Kann es ~, daß ein Auto mitten auf der Kreuzung stehenbleibt?" „Natürlich. Das ist schon einmal ~. Aber es passiert selten." Früher ~ es oft ~, daß ein Kind nur zwei Jahre in die Schule ging. 2. + D „Diese Melodie ~ mir bekannt ~; ich habe sie schon einmal irgendwo gehört".
vorlesen (+ Dp) + As liest vor las vor vorgelesen (die Vorlesung des Professors)	„Ich ~ dir die Fragen ~, und du mußt ja oder nein antworten." Die Großmutter ~ den Kindern jeden Abend Märchen ~.

sich (D) vornehmen nimmt sich (D) vor nahm sich (D) vor hat sich (D) vorgenommen	1. + Inf. Er ~ ~ ~, endlich einmal das dicke Buch zu lesen. 2. + A Das nahm er ~ vor. Ich habe mir vieles ~, kann es aber leider nicht erledigen.
vorschlagen schlägt vor schlug vor vorgeschlagen (jm. einen Vorschlag machen) (einen Vorschlag annehmen, ablehnen)	1. (D + Inf.-Satz) Als er sich langweilte, ~ ich ihm ~, mit mir ins Kino zu gehen. 2. Dp + As Ich ~ ihm einen Kinobesuch ~. Was ihm auch ~ wird: er hat immer etwas dagegen.
vorstellen + A + D stellte vor vorgestellt (die Vorstellung)	Ich ~ ihn meinen Eltern ~; sie freuten sich, ihn kennenzulernen.
sich (D) vorstellen + A stellte sich (D) vor hat sich (D) vorgestellt (die Vorstellung = der Gedanke)	„Ich ~ mir ~, daß du mir hilfst; dann kann ich die Arbeit leisten." „Aber ich kann dir nicht helfen!" Ich ~ mir das ~. Ich ~ mir den Chef im Nachthemd ~ und muß lachen.
sich (A) vorstellen stellte sich (A) vor hat sich (A) vorgestellt (die Vorstellung)	„Meine Eltern sagen, daß sie wissen wollen, mit wem ich ins Kino gehe. Du sollst dich ihnen ~."
vortragen + A trägt vor trug vor vorgetragen (der Vortrag)	Er übte lange zu Hause. Dann ~ er das Gedicht in der Schule sehr schön ~.

jm. etwas (A) vorwerfen
wirft vor
warf vor
vorgeworfen

(jm. einen Vorwurf machen)
(er sah mich vorwurfsvoll an)

1. Mein Chef ~ mir immer Unpünktlichkeit ~, aber ich glaube, seine Uhr geht falsch. Er ~ mir ~, ich sei unpünktlich.
2. Der Zirkusdirektor ~ dem Tiger Fleisch ~.

vorziehen + A
zog vor
vorgezogen

(der Vorzug – der Nachteil)

1. Als die Sonne schien, ~ sie die Gardine ~.
2. Ich ~ die freundliche Helga der frechen Karin ~.

wachsen (intr.)
wächst
wuchs
ist gewachsen

(das Wachstum der Pflanzen)
(das Gewächshaus)
(er ist erwachsen)
(wachsende Aufgaben)
(edler Wuchs)

Fritz ist in einem Jahr 8 cm ~.
Er läßt sich einen Bart ~.
Die Einwohnerzahl unserer Städte ~.
Seine Energie ~ mit seinen Aufgaben.

wagen + A wagte gewagt (das Wagnis) (ein wagemutiger Reiter) (eine gewagte Behauptung: eine unsichere Behauptung)	Ich ~ (es) nicht, Licht zu machen. Springst du vom Dach? Wenn du das ~, hast du Mut. Sprichwort: Wer wagt, gewinnt.
wählen + A wählte gewählt (die Wahl) (er drückt sich gewählt aus)	1. Man ~ Herrn Meyer zum Präsidenten des Sportclubs. 2. Ich ~ die Nummer meines Anwalts.
wahrnehmen + A nimmt wahr nahm wahr wahrgenommen (die Wahrnehmung)	„Was ~ wir mit den Ohren ~?" „Geräusche." Nachts werden Hindernisse auf der Fahrbahn erst sehr spät ~.
sich wälzen wälzte sich hat sich gewälzt	Tom und der Neue rollten und ~ ~ im Sande.
wandern (intr.) wanderte *ist* gewandert (die Wanderung) (der Wandertag)	Am letzten Wochenende sind wir von Eppstein nach Kelkheim ~. Er kann nicht genau sagen, wo es ihm wehtut; der Schmerz ~.
warnen (+ A) + (vor + D) warnte gewarnt (die Warnung vor + D) (eine warnende Stimme) (ihr seid gewarnt!)	Die Mutter ~ Rotkäppchen ~ dem bösen Wolf. Ich ~ Brillenträger davor, nachts zu fahren.
warten auf + A	Seine Frau ~ mit dem Abendessen ~ ihn. Wir ~ auf das Ende des Unterrichts.

waschen (+ A) wäscht wusch gewaschen (die Wäsche: schmutzige Kleider) (das Waschen der Hände) (die Autowäsche)	Sie ~ ihren schmutzigen Rock. Wir ~ einmal in der Woche.
sich waschen wäscht sich wusch sich hat sich gewaschen	Ich ~ mich dreimal am Tag. Wasch' dich! Ich ~ mir jeden Tag die Füße. Wasch' dir die Füße!
wechseln wechselte gewechselt (der Berufswechsel, der Geldwechsel, der Themenwechsel) (der Geldwechsler)	1. + A. Er ~ alle drei Jahre den Beruf. „Kannst du mir Geld ~? Zum Beispiel einen Zehnmarkschein in Markstücke oder DM in Lira? „Sollen wir nicht mal das Thema ~?" 2. (intr.) Das Wetter ~ rasch.
wecken + A weckte geweckt (der Wecker) (ein aufgeweckter Bursche)	Vor dem Examen schlief er so gut, daß ihn seine Mutter ~ mußte. Freude / Mißtrauen / Neugierde / usw. } ~ durch + A
wehen wehte geweht	1. (intr.) Wenn ein frischer Wind ~, gehe ich gern spazieren. Ihr Haar ~ im Wind. 2. + A Der Wind ~ die gelben Blätter über die Straße.

sich wehren (gegen + A)
wehrte sich
hat sich gewehrt
(„Spielte Pelé in der Abwehr?“
„Nein, im Angriff.“)
(die Bundeswehr)

Tom griff den fremden Jungen an. Aber der ~ ~ und schlug zurück.
Ich ~ mich gegen den Vorwurf, daß ich egoistisch sei.
Er ~ ~ mit Händen und Füßen gegen unseren Plan, nach Hamburg zu ziehen.

sich weigern
weigerte sich
hat sich geweigert
(die Weigerung)

Ich konnte reden, so viel ich wollte: er ~ ~, mir sein Fahrrad zu leihen.

weinen (intr.)
weinte
geweint

Das liebe Kind ~, wenn es nicht in die Schule darf.
Das Kind ~, die Mutter tröstet es und sagt: „Du darfst ja morgen wieder in die Schule gehen.“

weisen (Dp) + A
wies
gewiesen

Ein Polizist ~ mir den Weg zum Bahnhof.

sich wenden an + A (um + A) (mit + D)
wendete sich
(wandte sich)
hat sich gewendet (gewandt)
(der Wendepunkt)
(dem Gespräch eine Wendung geben)

Ich wußte nicht, was ich tun sollte, deshalb ~ ich mich an meinen Onkel um Rat (Hilfe).
Darf ich mich mit einer Bitte an Sie ~?
Er wartete ein bißchen an der Kreuzung. Dann ~ er ~ nach links und ging weiter.

werben für + A, um + A
wirbt
warb
geworben
(die Werbung)

Das Plakat ~ für Coca Cola.
Heinrich ~ um die Hand der schönen Hannelore.

werden (intr.)
wird
wurde
ist geworden

1. + N — Er will Lehrer ~.
2. (Hilfsverb) — Er ~ morgen zurückkommen.
3. (intr.) — Es ~ still.

werfen + A
wirft
warf
geworfen
(der Wurf)

Kinder ~ gern Steine ins Wasser.
Herr Taubner ~ sein Taschentuch in den Regen.

wickeln + A (um + A)
(regelm.)

Die Mutter ~ dem kleinen Kind einen Schal um den Hals.
Wir ~ einen Bindfaden um ein Stück Holz.

widerstehen + D
widerstand
widerstanden
(der Widerstand)

Welches Kind kann einer Tafel Schokolade ~?
Die Mauer ~ dem Hochwasser zwei Tage lang, dann stürzte sie zusammen.

wiedergeben (+ D) + A
gibt wieder
gab wieder
wiedergegeben
(die Wiedergabe des Inhalts)

„~ Sie bitte den Inhalt mit eigenen Worten ~!“
„Leih mir bitte 10 DM, ich ~ sie dir morgen ~.“

wiederholen + A
wiederholte
hat wiederholt
(die Wiederholung)
(eine wiederholte Mahnung)

Wir ~ ein bißchen Grammatik.
Wenn Sie diese Verben nicht regelmäßig ~, lernen Sie nicht viel.
„Die Polizei?“ ~ das Mädchen lächelnd.

wiedersehen + A
sieht wieder
sah wieder
wiedergesehen

Ich habe ihn gestern nach 5 Jahren ~; er hat sich sehr verändert.
„Auf Wiedersehn!“

wiegen + A
wiegte
gewiegt
(die Wiege)

Die Mutter ~ das Kind in ihren Armen (hin und her), bis es schläft.

wiegen + A
wog
gewogen

Der Kaufmann ~ das Obst auf der Waage.
Der Sack Kartoffeln, den ich in den Keller trug, ~ einen Zentner.

wimmeln von + D
wimmelte
gewimmelt

Er hatte viele Fehler gemacht; sein Heft ~ von roten Strichen.
Hier kann ich nicht sitzen; hier ~ es von Ameisen.

winken (intr.)
winkte
gewinkt

1. (intr.)
Als wir endlich wegfuhren, standen unsere Gastgeber am Bahnsteig und ~ sehr fröhlich mit ihren Taschentüchern.
2. (+ D)
Dem Finder ~ eine schöne Belohnung.

wirken (auf + A)
wirkte
gewirkt

(die Wirkung)
(das wirkliche Leben ist ganz anders)
(die Wirklichkeit)
(eine wirksame Strafe)
(wirkungsvolle, wirkungslose Worte)

„Wie ~ diese Tabletten?" „Sie nehmen den Kopfschmerz und machen munter."
„Wie ~ die Erzählung auf Sie?"
„Sie macht mich traurig."
Er ist schüchtern; er ~ gehemmt.
Ein buntes Bild ~ gut auf einer weißen Wand.

wissen + A (kein Passiv)
weiß
wußte
gewußt

(die Wissenschaft)
(er ist weise)
(der Witz)
(das Gewissen)
(bewußt)
(das Bewußtsein)

Ich ~, daß ich Sie störe.
Ich ~ das. Entschuldigen Sie bitte.
~ du, wo mein Füller ist?
„~ du schon das Neueste?"
„Ich möchte ~, wo du gewesen bist."

wohltun + D tat wohl wohlgetan (die Wohltat)	Es ~ mir ~, daß er nicht schimpfte. Nach der Aufregung ~ ihm die Ruhe ~.
wohnen (intr.) wohnte gewohnt (die Wohnung)	„Wo ~ du?“ „In der Goethestraße.“ Er ~ in einem Neubaublock.
wollen (Modalverb) (+ A) will wollte gewollt (der Wille)	Er ~ früh zu Hause sein. Was ~ du essen: Schnitzel oder Bratwurst? „Tu, was ich sage, ich ~ ja nur dein Bestes!“
wundern + A (kein Passiv) wunderte gewundert (das Wunder) (ein wunderbares, wundervolles Erlebnis)	(= überraschen; staunen machen) Sein Fleiß ~ mich: früher war er sehr faul. Das ~ mich! Es ~ ihn, daß ich so schnell zurückkam.
sich wundern über + A wunderte sich hat sich gewundert	Ich ~ mich über ihn: er ist so dick und läuft doch so schnell. Du wirst dich ~, wenn du dein Zeugnis siehst. Ich ~ mich über gar nichts mehr.
wünschen (+ Dp) + A wünschte gewünscht (der Wunsch)	Er ~ nicht, dauernd gestört zu werden. Er ~ das nicht. Ich ~ Ihnen viel Spaß heute abend!
sich (D) etwas (A) **wünschen**	Ich ~ mir ein Flugzeug zum Geburtstag.

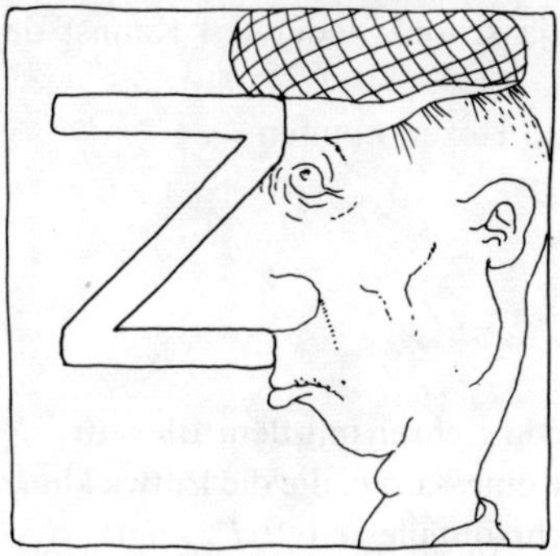

zahlen zahlte gezahlt (die Zahl) (vergl. zählen)	1. (intr.) „Herr Ober! Ich möchte ~!" 2. (+ A) Ich habe für den Schrank 3000 DM ~.
zählen (+ A) zählte gezählt (die Zahl) (zahlen) (eine unzählbare Menge) (unzählige Menschen versammelten sich)	Jeden Abend ~ er seine Kinder. Es waren sechzehn. Kannst du die Sterne ~? Die Kinder ~ die Tage bis Weihnachten.
sich zanken (mit + D) zankte sich hat sich gezankt (der Zank) (das Gezänk)	Sie ~ ~ immer mit ihrer Schwester um das Spielzeug; nie vertragen sie sich. „Ich möchte nicht mehr hören, daß ihr euch ~!"
zappeln (intr.) zappelte gezappelt (ein zappeliges Kind)	Der Fisch ~ an der Angel. Das Kind ~ vor Ungeduld.

zaubern
zauberte
gezaubert

(der Zauber)
(der Zauberer)
(die Zauberei)

„Du bist ja schon wieder da! Kannst du ~?“
Magier und Hexen können ~.

zeichnen (+ A)
zeichnete
gezeichnet

(die Zeichnung)
(der Zeichner)

Klaus ~ den Lehrer mit dem Bleistift.
~ Sie bitte eine Kurve, die die Entwicklung der Verkehrsunfälle seit 1972 zeigt!

zeigen (+ Dp) + As
zeigte
gezeigt

(der Uhrzeiger)
(der Zeigefinger)
(die Anzeige)

Ich ~ gern meinen Verwandten unsere schöne Stadt.
Der Verteidiger will ~ (beweisen), daß der Angeklagte unschuldig ist.
Tom ~ dem „Neuen“, wer hier der Herr ist.

zerfallen (intr.)
zerfällt
zerfiel
ist zerfallen

Eine Tablette ~ im Wasser.
Er trat gegen das alte Fahrrad, und es ~ in seine Teile.

zerreißen + A
zerriß
zerrissen

Er ~ vor Wut sein Deutschheft.
Nachdem ich den Brief geschrieben hatte, las ich ihn nochmal. Ich fand ihn schlecht und ~ ihn.

zerren + A
zerrte
gezerrt

Tom ~ den Neuen an den Haaren.
Als der Mörder die Polizei hörte, ~ er den Toten in ein Nebenzimmer.

zerschlagen + A
zerschlägt
zerschlug

Vor Wut ~ sie die Porzellanvase.

zerstören + A zerstörte zerstört (die Zerstörung der Stadt) (zerstörtes Glück)	Die Bomben ~ die ganze Stadt. Der Alkohol hat sein Leben ~.
zertrümmern + A zertrümmerte zertrümmert (die Trümmer, Pl.)	Vor Wut ~ er zwei Stühle und ein Fenster. Bei einer Schlägerei im Wirtshaus wurden mehrere Stühle ~.
ziehen zog gezogen (der Zug) (ein ungezogenes Kind)	1. + A Die Lokomotive ~ den Zug. Der Kellner ~ die Augenbrauen in die Höhe. Er ~ seinen Hut. 2. (intr.) Wir ziehen nach Hamburg, weil mein Vater dort arbeiten wird.
zischen (intr.) zischte gezischt	Eine Schlange kann ~, und dadurch werden wir vor ihr gewarnt. Dampf ~ aus dem zerbrochenen Motor.
zitieren (+ A) zitierte zitiert (das Zitat steht in Anführungszeichen)	(wörtlich wiedergeben) Der Politiker wollte zeigen, daß auch andere Leute so dachten wie er. Deshalb ~ er einen Satz aus der Rede eines Kollegen. Er ~ wortwörtlich.
zittern (intr.) zitterte gezittert (mit zitternder Stimme) (ein zittriger alter Herr)	Das Flugzeug flog so tief, daß die Wände unseres Hauses ~. Die Blätter ~ im leichten Wind. Er ~ vor Angst.
zubereiten + A bereitete zu zubereitet	(kochen, eine Speise fertigmachen) Man braucht viel Zeit, wenn man ein Essen für 20 Personen ~ will.

zudecken + A (mit + D) deckte zu zugedeckt	Als der Lehrer näherkam, ~ Klaus seine Zeichnung mit einem Buch ~.
sich zudecken mit + D deckte sich zu hat sich zugedeckt	Im Winter ~ wir uns mit einer warmen Decke ~.
züchten + A züchtete gezüchtet (die Zucht) (der Züchter)	Im Lauf von Jahrtausenden ~ die Menschen aus einfachen Gräsern wertvolles Getreide. Auch Haustiere, Rennpferde usw. wurden ~.
zucken (intr.) zuckte gezuckt	Er ist nervös; seine Augenlider ~. Als sie an den heißen Herd faßte, ~ ihre Hand zurück.
zugeben + A gibt zu gab zu hat zugegeben	Zuerst wollte er seine Schuld nicht ~, aber die Polizei fand alles heraus.
zunehmen nimmt zu nahm zu zugenommen (die Zunahme – die Abnahme)	Wenn die Großmutter erzählt, ~ ihr die Kinder gern ~.
zuhören + D hörte zu zugehört (der Zuhörer)	Wer zu viel ißt, ~ ~. Er ~ in den Ferien drei Kilo ~. Die Zahl der Verkehrsunfälle hat in diesem Jahr leider wieder ~.
zurechtrücken + A rückte zurecht zurechtgerückt	Er ~ den Stuhl ~ und setzte sich.

zurückkehren (intr.) kehrte zurück *ist* zurückgekehrt (die Rückkehr des Sohnes, die Rückkehr aus dem Krieg, von der Reise)	Er verließ sein Elternhaus mit 15 Jahren und ~ nie mehr ~. Nach der Operation ~ die Erinnerung an den Unfall allmählich wieder ~. Für einen entlassenen Sträfling ist es oft schwer, ins Berufsleben ~.
zurückweichen wich zurück *ist* zurückgewichen	Er hatte keine Angst vor seinem Gegner; er ~ keinen Schritt ~.
zusammenfassen + A faßte zusammen zusammengefaßt (die Zusammenfassung)	„~ Sie bitte den Inhalt dieser Erzählung in wenigen Worten ~!“
zusammenhängen mit + D hing zusammen zusammengehangen (worin besteht der Zusammenhang zwischen . . .?) (erzähl bitte zusammenhängend)	Wir sehen: erstens ist er faul, und zweitens hat er schlechte Noten. Das eine ~ mit dem anderen ~. Daß die Schüler so viele Fehler machen, ~ damit ~, daß sie die Verben nicht richtig lernen.
zusammenprallen mit + D prallte zusammen *ist* zusammengeprallt (der Zusammenprall)	Mitten auf der Kreuzung ~ zwei Autos ~. Es entstand Totalschaden. Ein Lastwagen ~ mit einem Kleinwagen ~.
sich zusammensetzen aus + D setzte sich zusammen hat sich zusammengesetzt (die Zusammensetzung einer chemischen Lösung)	„Woraus ~ ~ diese Arznei ~?“ Sie ~ ~ aus verschiedenen pflanzlichen Stoffen ~.
zusammenstoßen (mit + D) stößt zusammen stieß zusammen *ist* zusammengestoßen (der Zusammenstoß)	Der BMW ~ mit dem VW ~. Es gab zwei Tote. In der anschließenden Diskussion ~ beide Redner heftig ~.

zusehen (+ D)
sieht zu
sah zu
zugesehen

Er half mir nicht, sondern ~ nur ~, wie ich die schweren Taschen die Treppe hinauftrug.
Er ~ mir ~.

jm. Mut zusprechen
spricht Mut zu
sprach Mut zu
Mut zugesprochen

Ich war verzweifelt. Er wollte mir ~ ~, aber ich ließ mich nicht trösten.

zustimmen (+ D)
stimmte zu
zugestimmt
(die Zustimmung)

Der Vater schlägt vor, einen Ausflug zu machen, und die Kinder ~ ~, denn sie machen gern Ausflüge.
Sie ~ dem Vorschlag ~.

jm. zuzwinkern
zwinkerte zu
zugezwinkert

(= jn. ansehen und dabei zwinkern: die Augen schnell schließen und öffnen, um dem anderen damit ein Zeichen zu geben)
Roland sagte nichts, aber er ~ seiner Mutter ~, und das hieß: „Ich möchte lieber nach Hause fahren!"

zweifeln (an + D)
zweifelte
gezweifelt
(der Zweifel)
(ein zweifelhafter Vorschlag)

Er sagt, er will alle seine Bücher verbrennen.
Ich ~, ob er das tut.
Ich ~ daran, daß er das tut.
Ich ~ an seinem Verstand.

zwingen + A
zwang
gezwungen
(einen Zwang ausüben auf + A)

Tom ~ den „Neuen", um Gnade zu bitten.
Ich kann ihn nicht dazu ~, sich anständig zu benehmen; ich kann ihn nur bitten.
Ein Kind muß man nicht ~, Eis zu essen.